LA JUSTICE
RÉVOLUTIONNAIRE.

IMPRIMERIE DE COSSE ET J. DUMAINE, RUE CHRISTINE.

LA JUSTICE RÉVOLUTIONNAIRE

A PARIS

Bordeaux, Brest, Lyon, Nantes, Orange, Strasbourg

D'APRÈS LES DOCUMENTS ORIGINAUX

PAR

CH. BERRIAT SAINT PRIX

Conseiller à la Cour impériale de Paris.

PARIS,
IMPRIMERIE ET LIBRAIRIE GÉNÉRALE DE JURISPRUDENCE.
COSSE et MARCHAL, Imprimeurs-Éditeurs,
LIBRAIRES DE LA COUR DE CASSATION,
Place Dauphine, 27.

1861

AVERTISSEMENT.

La justice révolutionnaire, jusqu'à présent, n'a tenu qu'une bien petite place dans l'histoire de la Révolution. Attachés par la grandeur des événements politiques et militaires, nos historiens ont à peine abordé cette partie de leur sujet; ils se sont contentés d'effleurer, en passant, le Tribunal révolutionnaire de Paris, le plus en relief; ils ont, à peu près, oublié les Tribunaux semblables des départements. Sur celui de Paris, des monographies existent: elles sont insignifiantes sous le rapport du fond, de la forme, de l'autorité.

Cependant cet instrument de Terreur, si redoutable dès sa création, peu à peu devenu implacable et aveugle, ne doit pas, ce me semble, demeurer dans l'ombre, ni, avec lui, ses poignantes leçons. C'est là une lacune de notre histoire : j'essaie de la remplir en faisant connaître le Tribunal de Paris et quelques-uns de ses émules de la province, plus impitoyables que lui.

Sur ces Tribunaux, mon travail est, je crois, la justification irréfragable de la flétrissure que leur ont imprimée les honnêtes gens de tous les partis. Pour rester dans des limites raisonnables, je me suis borné aux faits les plus saillants parmi ceux que j'ai pu vérifier ; je les ai exposés avec impartialité, avec modération, mais sans déguisement, comme j'ai déjà fait, en traitant de la *Justice du grand-criminel au dix-huitième siècle*. Après avoir peint, avec leurs hideuses couleurs, les *Tortures* infligées par les lieutenants criminels sous Louis XV et Louis XVI, j'ai pu mettre en lumière, ce me semble, les principales exécutions de la justice révolutionnaire : au Tribunal de Paris, qui fut qualifié de *boucherie* en pleine séance, à ceux de Lyon, de Nantes, etc.

Mon scrupule accoutumé ne s'est pas démenti dans le choix des sources auxquelles j'ai puisé : les principales sont les collections des *Décrets*, le *Moniteur*, les dossiers des affaires conservés aux *Archives* de l'empire et dans celles des départements, les divers *Répertoires* des condamnés, le *Bulletin* du Tribunal révolutionnaire. Ce dernier recueil, infiniment précieux, n'ayant pas un caractère officiel, je n'y ai pris que les faits qui m'ont paru hors de controverse. Ainsi, dans le procès de Fouquier-Tinville, qui est une annexe de ce bulletin, et sans lequel on ne peut bien connaître le fameux Tribunal du 22 prairial an II, on voit que Fouquier et les juges et jurés, ses complices, furent convaincus « d'avoir prononcé de nombreuses condamnations à mort dans l'espace de CINQ, de QUATRE, et même de TROIS MINUTES ET DEMIE par tête. » Si j'ai recueilli cette imputation, c'est qu'elle ne fut pas réellement contestée par les accusés. Fouquier, lui-même, reconnut qu'une série de 69 condamnés à mort n'avait occupé son Tribunal que *cinq* heures; l'un de ses complices, Leroy, surnommé *Dix-Août*, se contenta de pallier de telles expéditions en en rejetant la responsabilité sur le mouvement révolutionnaire et sur diverses lois de la Terreur.

Ce que j'ai dit des Tribunaux des départements: des amendes prononcées par Lacombe au profit des *sans-culottes* de Bordeaux; des jugements par *signes* de Parrein à Lyon; de *l'incendie* de Bédoin dans Vaucluse; des jugements *à la tournée* de Schneider dans le Bas-Rhin, etc., je l'ai tiré de pièces originales et inédites ou d'histoires et d'ouvrages de la contrée, qui portent avec eux le cachet de l'exactitude.

Ces recherches, une fois de plus, si j'en avais eu besoin, m'auraient convaincu de l'obligation, pour tout historien, de remonter aux sources et de ne pas s'arrêter aux écrivains intermédiaires, quels que soient leur renommée et leur talent. En effet, c'est aux sources que je dois, d'abord, comme dans mon précédent essai, un nombre considérable de faits nouveaux; ensuite la vérité vraie sur beaucoup d'autres, venus jusqu'à nous plus ou moins défigurés; enfin la conviction que les Tribunaux révolutionnaires ne furent pas l'œuvre de la révolution de 1789, ni même de la Convention, livrée à ses inspirations, mais de la Montagne, commandée par Robespierre, secondée par les événements, excitée par la Commune de Paris, par les Sections, par les Jacobins.

Aussi l'on ne devra pas se méprendre sur l'esprit et le but de mon travail : ce n'est point à la révolution de 1789, c'est à la Terreur et à ses excès que je m'adresse.

LA JUSTICE RÉVOLUTIONNAIRE.

1. La justice a été rendue, révolutionnairement, sous la République, durant la Terreur, par un très-grand nombre de Tribunaux extraordinaires. De tous, celui de Paris a le plus attiré l'attention ; l'on s'est peu occupé des autres. Il était, à la vérité, de beaucoup, le plus en relief, par la situation, par l'étendue de la juridiction, par le nombre des affaires. Il y a eu, cependant, en France, à cette époque, au moins cent quarante-quatre autres Tribunaux, qui ont aussi jugé révolutionnairement ; savoir : plus de soixante commissions, statuant la plupart sans assistance de jurés, et qualifiées de *militaires, populaires* ou *révolutionnaires ;* et presque tous les Tribunaux criminels des départements[1], qui, durant la même période, jugeaient aussi révolutionnairement, lorsqu'ils étaient saisis, à cet effet, soit par le Comité de salut public, soit par les représentants du peuple en mission.

Je traiterai donc du Tribunal révolutionnaire de

---

[1] Prudhomme, *Dictionnaire des individus envoyés à la mort*, etc., 1797, t. 1ᵉʳ, p. 16.

Paris et de ceux des départements, c'est-à-dire, pour ces derniers, seulement des plus importants, sur lesquels j'ai pu, non sans peine, recueillir des documents certains.

PREMIÈRE PARTIE.

TRIBUNAL RÉVOLUTIONNAIRE DE PARIS.

2. Le Tribunal révolutionnaire de Paris, pendant sa durée, n'a pas présenté une organisation ni une manière de procéder uniformes. Il offre quatre phases bien distinctes : les trois premières marquées par les perfectionnements successifs apportés à cet instrument, moins judiciaire que politique, par les membres influents de la Montagne.

Il y eut, d'abord, le Tribunal *du 17 août* 1792, « destiné à juger les crimes commis dans la journée du 10 août. »

Il y eut, après, le Tribunal criminel extraordinaire *du 10 mars* 1793, qui devait « connaître de toute entreprise contre-révolutionnaire, de tous complots tendant à rétablir la royauté, » etc., et qui, le 8 brumaire an II (29 octobre 1793), reçut officiellement le nom de « Tribunal révolutionnaire » qu'il portait depuis quelque temps.

Il y eut, ensuite, le Tribunal révolutionnaire *du 22 prairial* an II, « institué pour punir les ennemis du peuple. » C'était celui du 10 mars 1793 rajeuni, mais rajeuni au point de constituer une création nouvelle ; je ne crois pas que l'histoire entière de nos institutions judiciaires puisse offrir rien de pareil.

Il y eut, enfin, le Tribunal *du* 23 *thermidor*, qui n'était, heureusement, qu'une pâle imitation des autres.

3. Aux trois premiers de ces Tribunaux se rattachent des noms célèbres :

Le Tribunal du 17 août 1792 fut établi sur la provocation de Robespierre ;

Celui du 10 mars 1793, sur la motion de Carrier ;

Celui du 22 prairial an II, œuvre de Robespierre, eut Couthon pour éditeur responsable.

§ 1er. — *Tribunal du 17 août 1792.*

4. Le tribunal du 17 août 1792 fut établi sur la provocation de Robespierre et la pression de la Commune de Paris. Le 10 août, une soixantaine de Suisses, échappés des Tuileries, s'étaient réfugiés aux Feuillants, où siégeait l'Assemblée législative. Le lendemain 11, pour les garantir du peuple attroupé, l'Assemblée dut faire entrer ces Suisses dans la salle de ses séances. On décréta ensuite qu'ils seraient conduits au Palais-Bourbon, et qu'une Cour martiale serait formée, pour les juger, par le commandant de la garde nationale de Paris [1].

Des difficultés s'étant élevées sur la formation de cette Cour, un décret du 14 août ordonna que les quarante-huit Sections de Paris nommeraient les jurys d'accusation et de jugement qui connaîtraient des crimes du 10 août [2].

Cette mesure ne satisfit point la Commune. Dès le lendemain, Robespierre venait, en son nom, représenter à l'Assemblée que son décret de la veille n'atteignait que les crimes commis le 10 août, et que d'autres crimes, d'autres conspirateurs devaient aussi être punis; qu'il fallait débarrasser le peuple des autorités constituées qui n'avaient pas sa confiance, effacer le double degré de juridiction et ses lenteurs; et ordonner que des *commissaires*, pris dans chaque Section, jugeraient les coupables souverainement et

---

[1] *Moniteur* du 13 août 1792, p. 948-950.
[2] *Idem* du 17 août, p. 965.

en dernier ressort[1]. L'Assemblée s'inclina devant cette motion, digne de son auteur; elle décréta, en principe, la formation de la Cour populaire demandée, et renvoya à la commission extraordinaire pour en faire le rapport séance tenante[2].

Mais cette commission, où dominait la Gironde, fit, sur le rapport de Brissot, maintenir, par l'Assemblée, la compétence du Tribunal criminel ordinaire, dont les jurés seraient nommés par les Sections (deux jurés d'accusation, deux de jugement, par section); on se borna à supprimer le recours en cassation. Une adresse aux citoyens de Paris, votée la même nuit (15 août), exposait les raisons qui s'opposaient à la création du Tribunal extraordinaire que demandait la Commune[3].

5. A cette adresse, faite pour les modérés, la Commune, qui, déjà, dominait l'Assemblée, répondit par une menace formelle d'insurrection. Le 17 août, un de ses membres, admis à la barre, s'exprima ainsi :

« Comme citoyen, comme magistrat du peuple, je viens vous annoncer que, ce soir, à minuit, le tocsin sonnera, la générale battra; le peuple est las de n'être point vengé. Craignez qu'il ne se fasse justice lui-même. Je demande que, sans désemparer, vous décrétiez qu'il sera nommé un citoyen par chaque Section, pour former un Tribunal criminel. Je demande qu'au château des Tuileries soit établi ce tribunal. Je demande que Louis XVI et Marie-Antoinette, si avides du sang du peuple, soient rassasiés en voyant couler celui de leurs infâmes satellites[4]. »

[1] *Moniteur* du 18 août 1792, p. 967.
[2,3] *Idem, ibid.*, p. 968.
[4] *Idem* du 19 août, p. 974.

Choudieu et Thuriot répondirent énergiquement à ces menaces. Mais une députation des jurés spéciaux, nommés en vertu du décret du 14, annonça, à son tour, de grands malheurs pour Paris, si eux, jurés, n'étaient pas mis en mesure d'agir.

6. Alors l'Assemblée se soumit; elle décréta, sans différer, l'organisation du Tribunal destiné à juger les crimes du 10 août et autres crimes y relatifs, circonstances et dépendances (un décret du 11 septembre réunit ensuite à cette attribution les crimes commis dans le département de la Seine, à l'exception de ceux réservés aux jurés spéciaux). Le Tribunal fut composé :

1° De sept directeurs du jury, pour instruire et régler les affaires (Fouquier-Tinville fut le troisième [1] et fit là ses premières armes);

2° De deux présidents et de six juges (Coffinhal en était); Robespierre fut nommé, le 17 août, le premier de ces présidents par les Sections [2]); il refusa cette place, et, dans une lettre insérée au *Moniteur* [3], fit connaître ses motifs. Depuis l'origine de la Révolution, il avait combattu, dénoncé la plupart des conspirateurs; il ne pouvait être le juge de ses adversaires. L'exercice de ces nouvelles fonctions était incompatible avec celui de représentant de la Commune, etc.;

3° De deux commissaires et de deux accusateurs;

4° De quatre greffiers et de huit commis greffiers (décret du 17 août);

---

[1] Bulletin du Tribunal criminel du 17 août, n° 1.
[2] *Moniteur* du 20 août 1792, p. 977.
[3] *Idem* du 28 août, p. 1022.

5° De 96 jurés d'accusation et 96 de jugement déjà nommés par les Sections en vertu du décret du 11 août.

7. Le Tribunal se divisait en deux sections, qui devaient siéger sans intervalle ;

Les commissaires étaient nommés par le pouvoir exécutif ;

Tous les autres membres par 48 électeurs, envoyés par les Sections de Paris.

Les noms de Robespierre, de Fouquier, de Coffinhal permettent, je crois, d'apprécier l'esprit des autres membres du Tribunal qui sont moins connus.

La *procédure* du Tribunal du 17 août était celle des tribunaux ordinaires (décret du 16 septembre 1791); seulement :

L'accusé n'avait que douze heures pour examiner la liste des témoins à charge ;

Que trois heures pour préparer ses récusations ;

Il n'était pas interrogé, avant le débat, sinon pour déclarer s'il avait choisi un défenseur (décret du 17 août 1792);

Le recours en cassation lui était enlevé (décrets des 14, 17, 19 août).

8. Le Tribunal du 17 août n'eut pas une longue durée. Sa première séance eut lieu le 25 août ; la dernière le 30 novembre 1792. Sur une cinquantaine d'affaires dont il fut saisi, je n'en compte pas plus de *treize* ayant un caractère politique. Les autres concernaient des crimes ordinaires ; nombre de vols, quelques assassinats; parmi les vols, il y eut sept affaires ayant pour objet le fameux vol des diamants de la couronne, commis, le 16 septembre, au Garde-

Meuble. Douze des individus accusés de ce crime furent condamnés à mort.

Dans ses premières séances, le Tribunal condamna à mort *Dangremont*, employé dans les bureaux de la garde nationale ; *de Laporte*, intendant de la Liste civile ; *Durosoy*, journaliste, accusé d'avoir pris part aux crimes du 10 août. Mais, ensuite, il acquitta *Dossonville* et *Montmorin*, accusés des mêmes faits. L'acquittement de Montmorin fut accueilli par de violents murmures de l'auditoire. Dans la cour, Osselin, l'un des présidents du Tribunal, faillit être atteint d'un coup de sabre que lui porta un garde national, qui croyait avoir à réprimer, sur la personne d'un juge, la déclaration du jury [1]. Le 22 novembre, Rouef et sa femme, impliqués comme receleurs dans le vol du Garde-Meuble, étaient acquittés : leur sortie fut accueillie par les plus vifs applaudissements [2].

9. *Affaire Grosjean.*—Le 2 octobre, le Tribunal eut à juger un soldat, nommé *Grosjean*, accusé de *conspiration* et de vol, après avoir indiscrètement emprunté à son brigadier une chemise blanche. Voici le fait, tel qu'il est rapporté dans le bulletin du Tribunal [3] :

« Grosjean, compagnon maçon, natif de Saint-Mihiel, âgé de trente-quatre ans, était venu à Paris, le 6 juin 1792, pour voir sa sœur. Il se décida à rester dans la capitale, et, avec un certificat de probité, il entra dans la cavalerie casernée à l'École militaire. Quelque temps après, une revue se prépa-

---

[1] Bulletin du Tribunal criminel, n° 3, p. 30.
[2] *Idem*, n° 49, p. 200.
[3] *Idem*, n° 22.

rait et Grosjean n'avait point de linge blanc. Passant devant la chambre du brigadier Leroux, dont la porte était ouverte, il aperçoit une chemise blanche, qu'il endosse, puis il donne la sienne à blanchir. A la revue, la chemise fut reconnue et Grosjean accusé de vol. Il répondit qu'il n'avait pris cette chemise que pour la revue, attendu qu'il avait donné la sienne à blanchir. Vaine excuse ; le propriétaire de la chemise empruntée crie: *Haro! au conspirateur!* Grosjean est arrêté ; on recueille quelques propos qui lui sont échappés [1]. Il est traduit devant le jury d'accusation, puis devant le jury de jugement, comme accusé de conspiration et de vol. Devant le Tribunal criminel, Grosjean, défendu par le sieur Leymerie, secrétaire du jury, fut acquitté, à condition néanmoins de garder prison jusqu'à la restitution de la chemise. Son défenseur eut encore la bonté de le cautionner, et Grosjean, mis en liberté, rapporta la chemise le lendemain, à sept heures du matin.

10. Les présidents, les commissaires du Tribunal aimaient à discourir et à poser.

Le commissaire Bruslé, en requérant l'acquittement de l'accusé *Guérin de Sercilly* (complot du 10 août), commençait en ces termes [2] : « En vain le peuple français avait recouvré sa souveraineté, de perfides modérateurs travaillaient à la lui ravir. Les coupables, par un *mélange* imprudent, avaient *broyé* la liberté dans une *dissolution* de despotisme.

---

[1] *Répertoire des jugements du Tribunal révolutionnaire*, par Clément; an III ; in-18, p. 70.

[2] *Bulletin*, n° 20, p. 81.

Ignoraient-il donc que des principes contraires, étant *amalgamés*, fermentent sourdement et produisent enfin une *détonation* terrible! Elle s'est faite le 10 août, etc. »

Le président Lavau, après avoir prononcé son arrêt de mort au nommé Bardol, condamné pour assassinat suivi de vol, lui adressait ces paroles [1] : « Homme désormais effacé par la mort du nombre des vivants, veux-tu mériter les *regrets* de tes pairs qui t'ont jugé? de la *loi* qui t'a condamné?.... Elève-toi à la hauteur du républicain; rends, avant de mourir, un dernier service à ta patrie; fais-lui connaître tes complices ! »

11. Les égorgeurs de septembre envahirent, un moment, l'auditoire du Tribunal, d'où le président fut assez heureux pour les faire sortir. Voici ce que contient le bulletin [2] sur cet incident :

« A l'audience du mardi 4 septembre, où l'on jugeait l'affaire de Backmann, major-général des Suisses (qui fut condamné à mort), vers la fin de l'interrogatoire de l'accusé, on lit : « Ici sont entrés dans l'audience un grand nombre de gens armés, qui, adressant la parole au Tribunal, demandèrent Backmann, en disant que c'était le jour de la vengeance du peuple et qu'il fallait leur livrer l'accusé. »

Ces paroles jetèrent la consternation parmi les Suisses qui déposaient au procès et qui étaient prisonniers à la Conciergerie; ils se couchèrent dans le prétoire, afin de n'être point aperçus des hommes

---

[1] *Bulletin*, n° 29, p. 119.
[2] *dem*, n° 10, p. 39.

armés. Backmann, seul, lui qui n'avait pas dormi depuis plus de trente-six heures que durait l'audience, conserva la plus grande tranquillité; son visage ne fut point altéré; il descendit du fauteuil où il était assis et se présenta à la barre... comme pour dire au peuple : *Sacrifiez-moi*. Le président (Lavau) harangua le peuple en l'exhortant « à respecter la loi et l'accusé qui était sous son glaive. » Ces mots, dits avec énergie, furent écoutés en silence par la multitude, qui sortit pour aller achever l'œuvre qu'elle avait commencée dans les prisons de la Conciergerie, et dont *vingt-deux* prisonniers étaient déjà victimes en ce moment.

Ici une réflexion m'échappe, quoique hors de mon sujet. A ce Tribunal, un seul homme réussissait, par sa fermeté, à écarter les égorgeurs. Que de victimes eût donc sauvées l'Assemblée législative si, durant les fatales journées de septembre, elle ne fût pas demeurée dans une honteuse et lâche inaction !

12. Le 25 septembre, Cazotte, âgé de soixante-quatorze ans, fut jugé par le Tribunal du 17 août. Détenu à l'Abbaye, il y avait, le 2 septembre, comparu devant le *Tribunal du peuple*, comme on le nommait alors, que présidait le célèbre Maillard. La fille de Cazotte attendrit les juges-exécuteurs; elle obtint la grâce de son père, qui, chose étrange, fut mis en liberté aux applaudissements de la multitude [1] ! Le 25 septembre, il fut condamné à mort par le Tribunal du 17 août, pour des lettres confidentielles trouvées chez différentes personnes, et dans

---

[1] *Bulletin*, nos 16, 17 et 18, p. 65 et 70.

l'une desquelles il avait eu le malheur de dire « qu'il fallait exterminer les Jacobins [1] ! »

13. Le Tribunal du 17 août 1792 n'était qu'un essai de la justice révolutionnaire. Sur 61 accusés, 20 y furent condamnés à la peine de mort, dont sept seulement pour crimes politiques ; 26 subirent des peines temporaires ; 15, à peu près le quart, y furent acquittés (c'est la proportion des acquittements devant les Cours d'assises de notre temps). Les formes étaient observées avec assez de régularité par le Tribunal. Quant à l'application de la peine et à la qualification des crimes, c'est autre chose. Sur les individus accusés d'avoir pris part au vol du Garde-Meuble, comme auteurs ou complices, *douze*, dont une femme, furent condamnés à mort. Cependant, d'après le Code pénal de 1791 [2], ce crime n'entraînait que vingt années de fers. Pour prononcer la peine capitale, le Tribunal dut considérer que les auteurs du vol avaient « formé un *complot* pour livrer aux ennemis de la patrie les diamants de la couronne ! »

14. Le Tribunal du 17 août fut supprimé par le décret du 29 novembre 1792. Déjà, le 26 octobre, un député dont le nom n'a pas été conservé, avait provoqué cette mesure, en traitant ce Tribunal de « Tribunal de sang. » Le lendemain, 27, des juges se présentèrent à la barre de l'Assemblée pour répondre à cette épithète, mais la Convention passa à l'ordre du jour [3].

---

[1] *Bulletin*, nos 16, 17 et 18, p. 65 et 70.
[2] Deuxième partie, tit. 2, sect. 2.
[3] *Moniteur* du 29 octobre 1792, p. 1283.

Commission militaire pour juger les émigrés.

15. Ici doit se placer une annexe du Tribunal du 17 août. Le 20 octobre 1792, un décret établit, à Paris, une commission dite de l'*état-major*, pour juger les émigrés pris les armes à la main et amenés dans la capitale. Cette commission était ainsi composée : Un général [1], un colonel, un lieutenant-colonel, un premier canonnier, un gendarme et un greffier. Le 22 octobre, jour de son installation au Palais de Justice, elle jugea 13 émigrés, jeunes pour la plupart, accusés d'avoir été pris, sur les frontières, les armes à la main. Neuf, savoir : 7 officiers, un conseiller au parlement de Bordeaux, et un étudiant, furent condamnés à mort ; les autres, qui étaient des domestiques, furent acquittés [2].

[1] Le général Berruyer. *Répertoire de Clément*, p. 89.
[2] *Bulletin* de 1792, nos 35 à 39.

§ 2. *Tribunal du* 10 *mars* 1793.

16. Des échecs essuyés, en mars 1793, par l'armée de la Moselle, furent la cause occasionnelle ou le prétexte de la création du Tribunal du 10 mars, dit Tribunal criminel *extraordinaire* et, plus tard, Tribunal *révolutionnaire*.

Dans la séance du 8 mars 1793 [1], Danton avait demandé et la Convention décrété l'envoi de représentants aux 48 Sections de Paris pour les requérir, au nom de la patrie, de voler au secours de leurs frères à l'armée de la Belgique.

Le 9 mars, [2] plusieurs de ces commissaires rendirent compte à l'Assemblée de leur mission, accomplie la veille. David et Saint-André rapportèrent ce qui suit:

« A la Section du Louvre, le concours des citoyens était considérable ;... ils ont juré de voler à la défense de la patrie... mais ils nous ont manifesté des craintes sur la tranquillité de l'intérieur ; ils nous ont dit : « Tandis que nous allons combattre les ennemis du dehors, nous demandons que la Convention punisse les traîtres et anéantisse les intrigants du dedans... qu'elle porte un regard sévère sur la défaite de nos troupes et cherche à en pénétrer la cause ; qu'elle établisse, enfin, un Tribunal qui punisse les contre-révolutionnaires et les perturbateurs du repos public. »

17. Cette manifestation, dont l'expression n'avait pas dû être adoucie par David, s'accordait avec les vues de la Montagne. Carrier la convertit, aussitôt, en motion, et demanda à la Convention de décréter

[1], [2] *Moniteur* du 10 mars 1793, p. 315.

le principe, c'est-à-dire l'établissement d'un Tribunal, en chargeant le comité de législation de présenter, le lendemain, le mode d'organisation de ce Tribunal [1]. Bourdon et Lanjuinais combattirent inutilement la motion de Carrier; la Convention adopta la rédaction suivante, proposée par Levasseur:

« La Convention décrète l'établissement d'un Tribunal extraordinaire, sans appel et sans recours au Tribunal de cassation, pour le jugement de tous les traîtres, conspirateurs et contre-révolutionnaires. »

18. Le 10 mars, Lesage, au nom du comité de législation, présenta un projet de décret sur le nouveau Tribunal et sa composition. Ce Tribunal devait être formé de jurés élus par les départements et de quatre juges nommés par la Convention, prononçant sans recours en cassation.

Lindet proposa un autre projet plus radical, d'après lequel le Tribunal était composé de 9 membres, nommés par la Convention, qui n'étaient soumis à aucune formalité, qui formaient leur conviction par tous les moyens possibles, etc.

Ce projet inouï, accueilli par les applaudissements du côté gauche, fut énergiquement repoussé par Vergniaud, et combattu même par Cambon, Barrère et Billaud-Varennes. Après une vive discussion, la Convention décréta qu'il y aurait des jurés et qu'ils seraient nommés par elle. Les autres dispositions auraient été renvoyées au lendemain, sans un discours véhément de Danton sur l'urgence du vote. Dans une séance de nuit, qui se prolongea jusqu'à quatre heures du matin, le décret d'organisation du Tribunal

[1] *Moniteur* du 10 mars 1793, p. 315.

extraordinaire fut rendu, complété, le 29 mars, par un autre décret.

19. Ce fameux Tribunal était ainsi composé :
Cinq juges, pouvant siéger au nombre de *trois* ;
Un accusateur public avec des substituts ; tous nommés par la Convention ;
Dix jurés avec quatre suppléants, pris par l'Assemblée dans le département de la Seine et les quatre départements voisins. Le nombre substantiel était d'abord de *douze*, mais, sur les jurés désignés, *dix* seulement ayant accepté [1], un décret du 28 mars autorisa le Tribunal à siéger avec dix jurés. Plus tard (décret du 24 mai), seize jurés, titulaires et suppléants furent choisis par la Convention dans 16 départements, tirés au sort, sur les 85 de la République.

Les accusés n'avaient contre les jurés que la récusation *motivée*, sur laquelle le Tribunal statuait.

Les jurés opinaient *en public, à haute voix*, à la pluralité absolue. Cette disposition, sur la publicité du vote, fut suggérée par Thuriot. « Tout le système de la Terreur était là, » dit, avec raison, M. Louis Blanc [2].

Il n'y avait pas de recours en cassation.

L'accusateur public [3] poursuivait, arrêtait, traduisait en jugement ; pour un ministre et un général, il fallait l'autorisation, pour un député un décret de la Convention. Décret du 5 avril 1793.

[1] Lettre du ministre de la justice, lue à la Convention le 28 mars 1793 ; *Moniteur* du 29, p. 394.
[2] *Histoire de la Révolution*, t. 8, p. 148.
[3] Ce devait être d'abord une commission spéciale de la Convention ; ce fut l'accusateur public (5 avril 1793) après la nouvelle de la défection de Dumouriez. *M*. du 8 avril, p. 437.

20. Le 29 mars 1793, le Tribunal fut mis en activité; le 6 avril eut lieu sa première séance [1]. Il siégeait dans l'ancienne grand'chambre du Parlement dite salle de l'*Égalité* (aujourd'hui la chambre civile de la Cour de cassation). Lorsqu'il eut deux sections, il siégea aussi dans la salle *Saint-Louis*, dite salle de la *Liberté* (aujourd'hui la chambre des *requêtes*). C'est là que fut jugé Danton.

La disposition de la *salle* nous est révélée par une gravure du temps [2] que l'on a supposée, non sans raison, représenter Charlotte Corday ou madame Roland au Tribunal.

En face des spectateurs, au mur du fond de la salle, sur des socles, le buste de Socrate, entre ceux de Lepeletier et de Marat;

Sur une estrade plusieurs tables; derrière celle du milieu, le *président*; à celles de gauche, les *juges*; à celle de droite, l'*accusateur public*; devant le président, un peu au-dessous, le *greffier*;

A gauche des tables, à la suite, les fameux *gradins*, avec quelques gendarmes; sur le plus élevé, le célèbre *fauteuil* avec une petite barre;

En avant des gradins, une longue table pour les *défenseurs*;

A droite, de l'autre côté du prétoire, en face des gradins, deux tables, l'une devant l'autre, pour les *jurés*.

Les juges et l'accusateur public avaient pour *costume*, l'habit noir, le chapeau relevé à la Henri IV, avec cocarde tricolore et panache de plumes noires;

---

[1] *Répertoire de Clément*, p. 109.
[2] Cette gravure sert de frontispice à cet ouvrage.

au cou et sur la poitrine un ruban tricolore qui soutenait une médaille [1].

Un peu plus tard d'autres décrets augmentèrent le personnel, étendirent la compétence, et limitèrent l'indépendance du Tribunal.

Le 2 juillet 1793, une indemnité de dix-huit francs par jour (celle des représentants) fut attribuée aux jurés.

Le 26, les juges (et ceux de tous les autres Tribunaux) furent tenus d'opiner à haute voix et en public.

Le 31, le Tribunal fut divisé en *deux* sections, avec dix juges, trois substituts de l'accusateur public et trente jurés.

Le 5 septembre, il fut divisé en *quatre* sections, avec dix-neuf juges, un accusateur public, cinq substituts, et soixante jurés.

Le 28 septembre, la liste de tout ce personnel était agréée par la Convention.

21. Le Tribunal extraordinaire connaissait :

De toute entreprise contre-révolutionnaire, tout attentat contre la liberté et l'indivisibilité de la République, la sûreté de l'Etat, et de tout complot tendant à rétablir la royauté, etc., et contre tous accusés quelle que fût leur qualité.

Il appliquait les peines, même correctionnelles, prononcées par le Code pénal et les lois postérieures; décret du 10 mars 1793.

Diverses lois multiplièrent bientôt les crimes capitaux de sa compétence ; c'étaient :

---

[1] Autres gravures du temps ; cabinet des estampes à la Bibliothèque impériale.

La présence, sur le territoire de la République, des émigrés ou des prêtres sujets à la déportation ; décret du 18 mars 1793 ;

Les ouvrages écrits, etc., provoquant la dissolution de la représentation nationale, le rétablissement de la royauté, etc.; décr. du 29 mars 1793 ;

Les émeutes contre-révolutionnaires ; décr. du 5 juill. 1793 ;

L'accaparement ; décr. du 26 juill. 1793 ; 12 germ. an II ;

Le commerce des assignats pour favoriser les ennemis ; décr. du 5 sept. 1793 ;

Le faux témoignage à *décharge* dans les accusations capitales pour crimes contre-révolutionnaires ; décr. du 5 pluviôse an II ;

Ces crimes capitaux étaient accrus des mises *hors la loi*, prononcées par la Convention.

22. Un Tribunal ainsi constitué n'était autre chose qu'une commission de justice. Provoquée par la Montagne, par les Sections, entraînée par les événements, la Convention avait suivi, de la sorte, les plus tristes exemples de la monarchie, mais les avait dépassés de bien loin dans les résultats. Toutefois, en commençant, le Tribunal du 10 mars 1793 observa assez passablement les formes ; les débats y reçurent les développements indispensables. C'est à partir du procès de la reine et de celui des Girondins qu'on le vit fonctionner comme un instrument, et les jurés laisser éclater leur passion. Déjà, cependant, cette passion s'était montrée dans l'affaire de Marat, une des premières jugées par le Tribunal, et l'un des monuments de l'époque.

Procès de Marat [1].

23. Le 12 avril 1793, Guadet, en répondant aux attaques de Robespierre contre la Gironde, lut à la Convention une adresse de la société des *Amis de la liberté*, qui circulait dans les départements avec la signature de Marat, et qui se terminait ainsi [2] :

« Oui, frères et amis, c'est dans le *Sénat* que de parricides mains déchirent vos entrailles ! Oui, la contre-révolution est dans le Gouvernement, dans la Convention nationale ; c'est là, c'est au centre de votre sûreté et de vos espérances, que de criminels délégués tiennent les fils de la *trame qu'ils ont ourdie* avec la horde des despotes qui viennent nous égorger ! C'est là qu'une *cabale* dirigée par la cour d'Angleterre et autres... mais déjà l'indignation enflamme votre courageux civisme. Allons, républicains, armons-nous ! »

Après un débat très-animé, dans lequel Marat reconnut avoir signé cette adresse dont il avouait les principes, l'Assemblée [3] décréta que Marat serait mis en état d'arrestation à l'Abbaye, et que, le lendemain, le comité de législation ferait un rapport sur le décret d'accusation demandé contre l'auteur de l'*Ami du peuple*. Ce décret fut accueilli par des murmures violents et prolongés des tribunes.

Le 13 avril, Marat adressa à la Convention une longue lettre [4], dans laquelle il accusait de nouveau

---

[1] Il faut lire cette affaire dans le *Moniteur* du 3 mai 1793, p. 540 et suiv. Le compte rendu y est bien plus complet qu'au *Bulletin du tribunal révolutionnaire*, où l'acte d'accusation, très-concluant, ne se trouve pas.

[2] *Moniteur* du 15 avril 1793, p. 470.

[3,4] *Idem* du 16 avril, p. 472, 474.

la Gironde d'avoir *conspiré* avec Dumouriez, et déclarait qu'il n'obéirait pas au décret d'arrestation, lequel était l'effet d'une conjuration liberticide.

Le même jour, Delaunay, au nom du comité de législation, fit un rapport tendant à la mise en accusation de Marat. Après un débat, durant lequel les tribunes ne cessèrent d'applaudir les députés hostiles à l'accusation et de huer les autres, le décret fut voté à sept heures du matin par 220 voix contre 92 [1]; 48 députés s'abstinrent, parce qu'ils étaient habituellement dénoncés dans le journal de Marat [2].

24. D'après l'acte d'accusation [3], rédigé par le Comité de législation, Marat était traduit devant le Tribunal criminel extraordinaire, comme prévenu d'avoir provoqué :

1° Le pillage et le meurtre ;

2° Un pouvoir attentatoire à la souveraineté du peuple ;

3° L'avilissement et la dissolution de la Convention;

Crimes prévus par le Code pénal, section 2, tit. 3, art. 29; 2ᵉ partie, tit. 3, art. 2; section v, tit. 1ᵉʳ, art. 5; et par le décret du 4 décembre 1792.

Le même acte visait une circulaire signée *Marat* et des passages de vingt-trois numéros du journal de Marat. En voici quelques-uns littéralement transcrits [4] :

---

[1] *Moniteur* du 17 avril, p. 476, 478.
[2] *Idem*, p. 470.
[3] *Idem* du 3 mai, p. 540.
[4] *L'Ami du Peuple*, in-8° de 8 pages, parut du 13 sept. 1789 (n° 1ᵉʳ) au 21 sept. 1792 (n° 685). Il fut remplacé par le *Journal de la République française*, même format, 25 sept. 1792 (n° 1ᵉʳ).

« La *clique* déhontée (la Gironde) qui *souille* la Convention, qui s'efforce de me faire *périr* par le fer des assassins, Roland, leur patron, qui aurait bien de la peine à prouver qu'il ne s'est pas fait *une liste civile* d'une partie des diamants de la couronne, de l'argenterie et des effets précieux *enlevés* aux émigrés. *Journal de la République française*, 8 nov. 1792, p. 4.

« Le peuple ne verra clair que quand il aura senti que jamais la machine ne marchera qu'il n'ait été fait *justice* de 200,000 *scélérats* » ; *Idem*, 22 déc. 1792, p. 6.

« Dans tout pays où les droits du peuple ne sont pas de vains titres, le *pillage* de quelques magasins, à la porte desquels on *pendrait* les accapareurs, mettrait bientôt fin à ces malversations [1]...... Laissons là les mesures répressives *des lois*; les seules efficaces sont les mesures *révolutionnaires*, etc.; *Idem*, 25 fév. 1793, p. 2; 28 fév., p. 3.

25. L'affaire de Marat fut portée à l'audience du Tribunal du 24 avril 1793. La veille [2], l'accusé s'était constitué prisonnier à la Conciergerie. Voici le commencement du compte rendu [3] :

« Marat entre à l'audience, la salle retentit d'applaudissements.

« Citoyens, dit-il, ce n'est point un coupable, c'est l'*apôtre* et le *martyr* de la liberté ; ce n'est qu'un groupe de factieux et d'intrigants qui ont porté un décret d'accusation contre moi ! »

Quelques témoins furent entendus à propos d'une tentative de suicide d'un jeune Anglais nommé Johnson, amenée par la lecture des feuilles de Marat.

[1] On sait que, dès le lendemain, plusieurs magasins furent pillés dans Paris.

[2] Registre d'écrou de la Conciergerie, 1793, f° 6 ; Archives de la préfecture de police.

[3] *Moniteur* du 3 mai 1793, p. 540 et suiv.

Johnson déclara qu'il avait pris la résolution de se tuer après la lecture d'un journal de Gorsas, où se trouvaient rapportées de sinistres menaces de Marat.

Pendant les débats, les applaudissements adressés à l'accusé furent tels, que celui-ci invita, plusieurs fois, l'auditoire à garder le silence.

26. Pour sa défense, Marat lut un discours dont voici le début : « Si Roland, le patron de la *clique* des Girondins, n'avait pas *dilapidé* les biens nationaux pour égarer le peuple et pervertir l'esprit public... »

Marat attaqua ensuite le décret d'accusation qui le concernait. Suivant lui, ce décret, rendu seulement par une *fraction* de l'Assemblée, était nul, comme contraire à la constitution de 1791 (sect. v, art. 5), « qui déclarait inviolables les représentants de la nation. » Étrange aveuglement des passions, Marat oubliait qu'il avait voté la mise en jugement de Louis XVI, dont la même constitution (chap. II, art. 2) déclarait la personne *inviolable* et *sacrée!* En conséquence, disait l'accusé, la Convention ne pouvait expulser de son sein et traduire devant un Tribunal l'un de ses membres. Et un mois après, Marat, avec la Montagne, *fraction* de l'Assemblée, soutenue par les canons d'Hanriot, votait l'expulsion et l'arrestation de vingt-deux députés girondins !

Ce discours et le réquisitoire de Fouquier, tendant à l'acquittement de Marat, furent couverts d'applaudissements.

Le résultat était prévu. Les jurés ne tardèrent pas à déclarer à l'unanimité que les faits relevés contre l'accusé *n'étaient pas constants*. Marat, acquitté par le Tribunal, sortit, on le sait, aux applaudissements d'un peuple immense, qui le couronna de feuilles de chêne et le porta en triomphe jusque sur les bancs de la Convention!

27. *Affaires diverses: Miranda; Custine; Charlotte Corday.* — Jusqu'au procès de la reine (23 vend. an II, 14 oct. 93), les décisions du Tribunal révolutionnaire furent mêlées; toutes les condamnations n'étaient pas impitoyables; l'auditoire accueillait même avec faveur certains acquittements. L'instrument n'avait pas encore reçu les perfectionnements que, par la suite, lui apporta la Montagne.

Ainsi, le 15 avril 1793, Rouxel-Blanchelande, lieutenant-gouverneur aux Antilles, était condamné à mort après 75 heures de séance [1]. Le 22 avril, le général d'Harambure était acquitté aux applaudissement de l'auditoire [2].

Le 6 mai, Gohier, ministre de la justice, adressait à l'accusateur public des observations insérées au *Moniteur* [3] sur une exposition exécutée sans l'exactitude nécessaire, avec un tableau où manquaient la date et la cause de la condamnation. Il est vrai que, peu après, le *Moniteur* contenait la lettre suivante, écrite de Tarbes, le 7 mai [4]:

« On enferme les aristocrates et les gens suspects à Tarbes: les hommes sont au ci-devant couvent des *Cordeliers;* les femmes sont aux *Carmes.* La *cage* est bien remplie et nous serons tranquilles. »

Le 16 mai, le général Miranda était acquitté. D'a-

---

[1] *Moniteur* du 18 avril 1793, p. 479.
[2] *Idem* du 26 avril, p. 511.
[3] *Idem* du 7 mai, p. 557.
[4] *Idem* du 21 mai, p. 612.

près le *Moniteur*, « le peuple, après avoir applaudi, avec transport, au jugement, porta, pour ainsi dire, le général en triomphe chez son défenseur, Chauveau-Lagarde, en criant : *Vive la République! Vive Miranda!* » [1].

Deux autres généraux, Miaczinski et Custine, furent condamnés à mort; le premier le 17 mai [2], le second le 27 août. Pour celui-ci, les débats occupèrent une douzaine d'audiences [3].

Le procès de Charlotte Corday fut court; le crime était avéré et l'accusée s'en faisait gloire. Marat avait été frappé le 13 juillet 1793, à 8 heures du soir; Charlotte Corday était exécutée, le 17, à peu près à la même heure [4]. Sa fin héroïque est trop connue pour que je la rappelle ici.

28. *Mises hors la loi.* — Des affaires promptement expédiées étaient celles des individus *mis hors la loi*, en vertu du décret du 19 mars 1793, sur les *émeutes et révoltes contre-révolutionnaires*. Sur l'attestation de deux témoins, touchant l'identité de l'accusé, et sur les conclusions de l'accusateur public, le Tribunal ordonnait que l'accusé serait livré à l'exécuteur.

C'est, notamment, ce qui fut prononcé le 16 vend. (7 oct. 1793), pour le girondin Gorsas [5]. Placé sur le *fauteuil* à neuf heures et quart du matin, trois témoins constatèrent son identité, et le Tribunal prononça qu'il serait livré à l'exécuteur. Alors Gorsas demanda la parole, qui lui fut refusée, comme ayant été récla-

---

[1] *Moniteur* du 21 mai, p. 611.
[2] *Idem* du 22 mai, p. 615; *Bulletin*, n° 40.
[3] *Moniteur* du 19 août au 4 sept. 1793.
[4] *Bulletin*, juillet 1793, n°s 71, 72, 73.
[5] *Idem*, 2e part., n°s 16 et 17.

mée après l'application de la loi. Le jour même, à trois heures et demie, il fut exécuté.

29. *Les six premiers mois du Tribunal.* — Du 6 avril au 14 octobre, d'après le *Moniteur* et le *Bulletin*, dont les relevés peuvent n'être pas complets, 196 accusés furent jugés par le Tribunal extraordinaire de Paris; 82 furent condamnés à mort, 25 à d'autres peines, 89 furent acquittés, presque la moitié. Il est vrai que beaucoup d'accusations ne reposaient que sur des indices, même sur des soupçons. Vinrent le procès de la reine et celui des Girondins, où l'on vit les juges et les jurés montrer qu'ils se croyaient en face d'ennemis à abattre, plutôt que d'accusés à juger.

Procès de la Reine.

30. Après la chute de la Gironde, les Jacobins et la Montagne ne pouvaient laisser au Temple Marie-Antoinette pleurer Louis XVI. Un décret du 1er août 1793, qui envoyait Billaud-Varennes et Niout dans le Nord, avec des pouvoirs illimités, traduisait la reine devant le tribunal extraordinaire et ordonnait sa translation à la Conciergerie[1].

La mise en jugement de cette infortunée ne fut pas immédiate; les pièces manquaient à Fouquier. Cette lenteur attira l'attention des Jacobins; dans leurs

---

[1] Ferai-je remarquer ici qu'un autre décret, du même jour, apportait au pays le bienfait de *l'uniformité des poids et mesures*? Tout était mêlé à cette époque. La fameuse loi du 22 prairial, sur le Tribunal révolutionnaire, inaugura le *Bulletin des lois*, autre création excellente.

28 LA JUSTICE RÉVOLUTIONNAIRE.

séances des 8 et 20 septembre, Deffieux renouvela la demande de hâter le jugement de Marie-Antoinette, dont on semblait avoir oublié le procès [1]. Une commission de Jacobins était déjà nommée pour rédiger un acte d'accusation contre la reine [2].

Le 27 septembre, Hébert revint sur le même sujet avec une extrême violence. « Je demande, dit-il, que la société invite le Comité de sûreté générale à réintégrer cette scélérate au Temple, en y établissant tout de suite une des sections du Tribunal révolutionnaire qui s'occupera, sur-le-champ, de son procès. » —*On applaudit* [3].

31. Le 3 octobre, la Convention ordonna que Marie-Antoinette serait promptement jugée par le Tribunal révolutionnaire [4]. Le 5, Fouquier écrivait à l'Assemblée qu'il n'avait pas de pièces et ne pouvait exécuter le décret [5]. Le 12 octobre (21 vendémiaire) les pièces arrivèrent ; le jour même Fouquier dressa son acte d'accusation, suivi, le 13, d'une ordonnance de prise de corps décernée par le Tribunal entier. Le même jour la reine était écrouée à la Conciergerie [6]. Le 14 octobre, elle paraissait devant le Tribunal ; le 16 (25 vendémiaire), à 4 heures et demie du matin, elle était condamnée à mort.

[1], [2], [5] *Moniteur* des 11 et 26 sept. et 2 oct. 1793, p. 1077, 1139, 1164.

[4] Collection du Louvre, t. 16, p. 109.

[5] Procès de la Reine, 76ᵉ pièce ; Archives de l'empire, section judiciaire.

[6] Registre de 1793, fº 35, recto ; Archives de la préfecture de police.

32. Le *Moniteur* [1] et le *Bulletin du tribunal* [2] contiennent un compte rendu très-détaillé de ce procès; il y a, cependant, à puiser des renseignements essentiels dans le dossier [3], qui me paraît n'avoir guère été consulté. Dans tous ces documents, on voit que la reine, sans avoir pu préparer sa défense, fut condamnée, sans preuves, par des jurés et des juges de parti pris.

Marie-Antoinette ne put recevoir que la veille de l'audience la copie de son acte d'accusation, qui contenait un grand nombre de faits graves et divers; reine de France, elle ne fut assistée que par des défenseurs *nommés d'office* [4].

Le premier de ces défenseurs, M. Chauveau-Lagarde, fut averti et communiqua avec la reine seulement le 13 octobre. Il y avait au greffe un amas de pièces à examiner; M. Chauveau engagea la reine à demander un délai nécessaire. Il fallait écrire à la Convention; Marie-Antoinette s'y refusa. L'avocat insista, en faisant observer qu'en elle étaient, à défendre, la veuve du roi, la mère des enfants de France, la belle-sœur des princes exilés. Alors la reine se décida; elle écrivit à l'Assemblée un billet qui fut remis à Fouquier-Tinville. Mais ce mot fut conservé ou demeura inutile, car les débats ne furent pas retardés d'un instant [5].

---

[1] *Moniteur* des 25, 26, 27, 28, 29, 30 vendémiaire, 2, 3, 4, 5, 6 brumaire an II.

[2] Deuxième partie, n°s 22 à 32.

[3] Procès de la Reine, déjà cité.

[4] *Moniteur* du 6 brumaire, p. 145.

[5] Chauveau-Lagarde, *Note sur les procès de Marie-Antoinette et de Madame Élisabeth*, 1816, in-8°, p. 5 et suiv.

33. Ouverts, le 14 octobre, à 9 heures et demie du matin, les débats furent continués sans désemparer jusqu'à 11 heures du soir, sauf une suspension de 3 à 5 heures; repris le 15, à 9 heures du matin, suspendus de 3 à 5 heures, ils se terminèrent le 16, à 5 heures du matin [1].

Les députés Bayle et Voulland, envoyés par le Comité de sûreté générale, assistèrent aux débats, « prêts à faire, dit l'arrêté du Comité [2], toutes réquisitions jugées nécessaires. »

Le Tribunal était ainsi composé : *Herman*, président; *Coffinhal, Maire, Douzé-Verteuil, Delièqe*, juges; *Fouquier*, accusateur public; *Fabricius*, greffier. Les jurés, ayant pour chef l'ex-marquis Antonelle, étaient au nombre de 15, savoir, 12 titulaires et 3 suppléants [3].

Les formalités prescrites, depuis le serment des jurés jusqu'à la signature du jugement, furent assez exactement remplies, au moins d'après le procès verbal de la séance [4].

41 témoins furent entendus; plusieurs extraits de différentes prisons :—L'amiral d'*Estaing* [5]; *Manuel*, ancien procureur de la Commune [6]; *La Tour du Pin*, ancien ministre [7]; le vénérable *Bailly* [8]; le girondin

---

[1] Procès de la Reine, 35ᵉ pièce; Archives de l'empire.
[2] *Moniteur* du 27 vend. an II, p. 109.
[3, 4] Procès de la Reine, 35ᵉ pièce; Archives de l'empire.
[5] Condamné à mort, le 9 flor. an II.
[6] *Idem*, le 24 brum. an II.
[7] *Idem*, le 9 flor. an II.
[8] *Idem*, le 20 brum. an II.

Dufriche-Valazé[1]; tous condamnés plus tard, par le Tribunal.

34. La reine, quoique prise à l'improviste, répondit aux déclarations des témoins et aux questions multipliées du président, avec une présence d'esprit remarquable et une grande dignité. A la fin des débats, Herman lui ayant demandé s'il ne lui restait plus rien à ajouter pour sa défense :

« Hier, dit-elle [2], je ne connaissais pas les témoins; j'ignorais ce qu'ils allaient déposer contre moi ; eh bien! personne n'a articulé contre moi un fait positif. Je finis en observant que j'étais la femme de Louis XVI, et qu'il fallait bien que je me conformasse à ses volontés. »

« Pendant son interrogatoire, porte le Moniteur [3], Marie-Antoinette a presque toujours conservé une contenance calme et assurée ; dans les premières heures, on l'a vue promener ses doigts, sur la barre du fauteuil, avec l'apparence de la distraction, et comme si elle eût joué du *forte-piano*.

« En entendant prononcer son jugement, elle n'a laissé paraître aucune marque d'altération, et elle est sortie de la salle d'audience sans proférer une parole. »

35. Les faits relevés dans l'acte d'accusation étaient aussi odieux que multipliés.

Après avoir comparé la reine à *Messaline*-Brunehaut et à Frédégonde, Fouquier lui reprochait, entre autres chefs, d'avoir :

---

[1] Mort suicidé au Tribunal, après sa condamnation avec les autres Girondins, le 9 brum. an II.

[2] *Moniteur* du 5 brum. an II, p. 142.

[3] *Moniteur* du 6 brum. an II, p. 146.

1° Été le fléau et la sangsue des Français ;

6° Occasionné, par ses agents, la disette à Paris ;

9° Déterminé les massacres des patriotes, à Nancy, au Champs de Mars et ailleurs ;

12° Amené la première retraite des Français de la Belgique ;

14° Médité et combiné l'horrible *conspiration* du 10 août ;

15° Encouragé les Suisses à confectionner des cartouches dont elle avait *mordu les balles* (cette accusation fut renouvelée pour madame Elisabeth ; V. n° 67) ;

17° Causé la guerre intestine qui dévorait la France ;

20° Enfin, *nouvelle Agrippine*, commis, avec son fils, des indécences dont le nom seul faisait frémir d'horreur !

36. Aucun de ces faits ne fut établi par les débats, où plusieurs témoins déposèrent avec une passion extrême.

La déclaration d'*Hébert* sur les rapports incestueux de la mère et du fils n'est que trop connue [1] ; il était réservé à la société des Jacobins d'en aggraver encore les détails (V. n° 37), par l'organe d'un de ses membres.

Une fille *Millot*, domestique, dit que la reine avait porté *deux pistolets*, dans le dessein d'assassiner le duc d'Orléans [2].

Un sieur *Labenette* déclara que trois particuliers étaient venus pour *l'assassiner* au nom de la reine [3].

Deux seuls témoins rappelèrent des faits de quelque importance.

La Tour du Pin reconnut que la reine, lors de son

---

[1] M. Louis Blanc, t. 9, p. 393, n'hésite pas à traiter Hébert et sa déposition « d'infâmes ».

[2,3] *Moniteur* du 29 vend., p. 116.

ministère, lui avait demandé l'état exact de l'armée français[1].

Dufriche-Valazé dit avoir vu, lors du procès de Louis XVI, une lettre d'un ministre, priant le roi de communiquer à la reine le plan de campagne qu'il lui avait présenté[2]. Ni l'un ni l'autre ne fit connaître si la reine avait fait un usage quelconque de ces pièces.

37. Mais comment la reine aurait-elle pu être acquittée par les jurés et les juges qui composaient le Tribunal révolutionnaire, sous la pression des Jacobins?

Après avoir hâté la mise en jugement de cette infortunée, les Jacobins suivirent avec anxiété les débats; on le voit à ce compte rendu par Dufourny, dans leur séance du 14 octobre, après la première audience du procès[3].

Dufourny. « Je présume que la société connaît l'acte d'accusation contre Marie-Antoinette. Elle est depuis neuf heures sur le fauteuil; la séance a été levée à trois heures; plusieurs témoins ont été entendus; l'un d'eux, Lecointre, a parlé deux heures; on sent qu'il a été prolixe et que plusieurs des faits qu'il a cités ne sont pas tous d'un égal intérêt. Cependant son récit a jeté de grandes lumières sur des choses du plus grand intérêt.

« Roussillon a parlé à sa manière accoutumée; il a dit des choses extrêmement chaudes; c'est un feu qui brûle comme des amorces, mais peu de faits essentiels et rien de concluant.

« Hébert, avec toute *l'impatience* que méritait le sujet,

---

[1] *Moniteur* du 2 brum., p. 128.
[2] *Idem* du 3 brum., p. 130.
[3] *Idem* du 29 vend., p. 115.

a déposé de choses extrêmement graves. Il a cité des faits terribles ; il a surtout décelé, avec la honte qui était convenable, les traits d'horreur dont il a été témoin ; les scènes honteuses entre la mère, la tante et le fils ; les suites horribles de ces criminelles habitudes; la dégradation de sa santé ; le virus qui parcourt maintenant ses veines, et qui peut-être charrie le germe des accidents de toute espèce.

« Manuel, Bailly ont été entendus. Le premier n'a fait que des réponses insignifiantes ; le second avait l'air d'abord de vouloir en faire de simples et laconiques; mais bientôt, lorsqu'il a été question de l'affaire du Champ de Mars, de nos malheureux frères morts dans cette journée, de ce qu'on avait fait de leurs corps, il a balbutié et voulu nier.

« Marie-Antoinette n'est qu'une femme ordinaire, que sa fierté même décèle, et que ses larmes ont trahie : elle est prodigieusement changée. »

38. Quant aux *jurés*, ce que le *Moniteur* nous a conservé de leur attitude aux débats suffit pour les apprécier.

Lorsque Hébert eut terminé sa déposition, le président demanda à la reine ce qu'elle avait à dire, et il lui adressa, sur cette déclaration, *dix-sept* observations, suivies d'autant de réponses de Marie-Antoinette. Soit honte, soit oubli, Herman n'arrivait pas à l'inceste, révélé par Hébert. Un juré, impatient, sans doute, l'invita à faire, sur ce point, une interpellation à la reine, ce qui amena la sublime réponse :

« SI JE N'AI PAS RÉPONDU, C'EST QUE LA NATURE SE REFUSE A RÉPONDRE A UNE PAREILLE INCULPATION FAITE A UNE MÈRE (Ici l'accusée paraît vivement émue). J'EN APPELLE A TOUTES CELLES QUI PEUVENT SE TROUVER ICI [1] ! »

[1] C'est le texte du *Moniteur* du 28 vend., p. 111, et du *Bulletin du Tribunal révolutionnaire*, n° 25, p. 98. Ces admi-

« Il y eut un frémissement d'approbation dans l'auditoire ; Hébert demeura muet, atterré, dit M. Louis Blanc [1]. »

Bailly s'expliquait sur le nombre des morts au Champ de Mars, le 17 juillet 1791 ; il fut contredit par un juré, qui apporta, sur ce point, son *témoignage personnel* [2].

La Tour du Pin rappelait un fait qui concernait la société des Jacobins ; un juré invita le président à lui faire observer qu'il y avait, de sa part, erreur ou *mauvaise foi* [3].

39. Pour les membres du Tribunal, tous furent poursuivis, condamnés ou exécutés après le 9 thermidor ; Coffinhal fut mis hors la loi, le 9 thermidor, avec la Commune de Paris ; Herman et Fouquier, condamnés à mort, le 17 floréal an III ; Maire et Deliège, leurs complices, ne furent acquittés que sur la question intentionnelle ; Douzé-Verteuil fut poursuivi, après avoir été accusateur public au tribunal de Brest : ils avaient préludé, lors du procès de la reine, à leurs jugements, par coupes réglées, qui eurent lieu sous la loi Couthon.

40. Le résumé des débats par Herman fut, contre la reine, un acte d'accusation plus hostile encore que le réquisitoire de Fouquier ; ces discours occupent deux

---

rables paroles n'ont pas été exactement reproduites par tous les historiens de la Révolution, y compris M. Thiers, t. 5, p. 374, et M. de Lamartine, *Hist. des Girondins*, t. 6, p. 396.

[1] *Histoire de la Révolution*, t. 9, p. 393.
[2] *Moniteur* du 29 vend. an II, p. 116.
[3] *Idem* du 2 brum., p. 128.

colonnes dans le *Moniteur;* la défense de la reine y est réduite à cette mention :

« Chauveau et Tronçon-Ducoudray, nommés d'office par le Tribunal, pour défendre Antoinette, s'acquittent de ce devoir et sollicitent la clémence du Tribunal. Ils sont entendus dans le plus grand silence » [1].

Cette défense fut cependant très-étendue et présentée, « avec autant de zèle que d'éloquence, » porte le Bulletin [2]. M. Chauveau-Lagarde parla le premier, et sur la conspiration *à l'extérieur*, avec les puissances étrangères. Il plaida pendant près de deux heures; quand il eut fini, la reine le remercia avec effusion. Après lui, Tronçon-Ducoudray, plaida, et avec talent, sur la conspiration à *l'intérieur* [3].

41. Lorsque les défenseurs eurent déclaré que leur mission était remplie, ils furent, en vertu d'un arrêté du Comité de sûreté générale, et par les représentants Bayle et Voulland (*V.* n° 33), mis en état d'arrestation, à l'audience, puis interrogés séparément. On pensait que, dans leurs rapports avec l'accusée, Chauveau et Tronçon pouvaient avoir été chargés de lettres importantes à connaître. Rien de semblable ne fut découvert, et, le jour même, par un décret, la Convention ordonna leur mise en liberté [4].

---

[1] *Moniteur* du 6 brum., p. 145.
[2] *Bulletin du Tribunal*, n° 32, p. 124.
[3] Chauveau, *Note sur les procès de Marie-Antoinette*, etc., p. 28, 39, 44.
[4] *Moniteur* du 27 vend., p. 109.

Procès des Girondins.

42. Le procès des Girondins suivit de près celui de la reine. Il fut encore plus, et à toutes ses phases, la négation de la justice. Ces illustres députés n'avaient été mis en état d'arrestation que grâce aux canons d'Hanriot et à la troupe de Marat[1] ; leur mise en accusation fut due à la pression persévérante des Jacobins, après les mouvements fédéralistes des départements. Les principaux témoins à charge furent les députés qui avaient voté la mise en accusation ; enfin les Jacobins et le Tribunal lui-même, proclamant d'avance la culpabilité des accusés, obtinrent de la Convention (*V.* n° 47) le moyen de les condamner plus promptement et sans entendre leur défense.

Je ne touche pas au fond de cette affaire célèbre ; sur la manière dont elle fut poursuivie et jugée, j'ai à rappeler quelques faits qui, tous, ne sont pas connus.

43. La Convention, sur le rapport de Saint-Just[2], n'avait d'abord décrété d'accusation (9 juillet 1793), parmi les Girondins, retenus à Paris, que Gensonné, Guadet, Vergniaud, Mollevault et Gardien.

Un peu plus tard, les Jacobins provoquèrent activement le jugement de la Gironde.

Le 8 septembre, dans cette société, on se plaignait de ce que Brissot et autres n'étaient point encore jugés. Deffieux invitait les députés présents à obtenir

---

[1] V. M. Louis Blanc, *Histoire de la Révolution*, t. 8, p. 465 à 467.

[2] *Moniteur* des 18 et 19 juillet 1793.

de la Convention l'ordre au Tribunal de s'en occuper incessamment [1].

Le 15 septembre, ces plaintes étaient renouvelées. Un Jacobin demandait qu'une nouvelle commission fût chargée de rédiger un acte d'accusation contre Brissot [2].

Le 20 septembre, Deffieux demandait que l'on écrivît à chacun des commissaires qui devaient s'occuper de l'acte d'accusation de Brissot et d'Antoinette [3].

Le 23 septembre, Brochet (probablement le juré, auteur de la *Prière à Marat*, V. n° 85) se plaignait de ce que l'acte d'accusation ne fût pas encore lu dans cette séance. Gaillard annonçait que trois Jacobins s'en étaient occupés séparément et présenteraient les résultats de leur travail à la société [4].

Enfin, le 2 octobre (11 vendémiaire), cet acte d'accusation, tant désiré, était lu à la société; il ne comprenait pas moins de 23 chefs, dont le plus grand nombre concernait Brissot; mais il fut ajourné, sur l'observation de plusieurs membres, que ces détails prolongeraient inutilement la procédure [5]. Dès le surlendemain, 4 octobre, la Convention adoptait un acte d'accusation contre les 21 Girondins, rédigé par Amar [6].

44. Les 21 députés furent interrogés du 21 vendémiaire au 2 brumaire, par divers juges du Tribunal, en présence de l'accusateur public. Ces interroga-

---

[1] *Moniteur* du 11 septembre.
[2] *Idem* du 21 septembre.
[3] *Idem* du 26 septembre.
[4] *Idem* du 28 septembre.
[5] *Idem* du 17 vend. an II, p. 1187.
[6] *Idem* des 4, 5 et 6 brum. an II.

toires, tous développés, sont rédigés avec soin. A l'exception de Lauze-Duperret, compromis par sa correspondance, les Girondins n'eurent à répondre que sur leurs actes et leurs opinions, comme députés [1].

La faction dominante du temps leur était bien hostile. Au dossier, sont des lettres de plusieurs personnes qui offraient à Fouquier de venir déposer contre « ce scélérat de Brissot, » ou contre « les infâmes amis de Roland » [2].

45. Les débats, sous la présidence d'Herman, occupèrent six audiences, du 3 au 8 brumaire, de neuf heures du matin à cinq heures du soir [3]. Quatorze témoins seulement y furent entendus, parmi lesquels *Pache*, maire de Paris; *Hébert*, le témoin contre la reine; les députés *Chabot, Maribon, Montaut, Fabre d'Églantine, Léonard Bourdon* et *Duhem*, qui avaient voté la mise en accusation. La déposition de Chabot tint presque deux audiences; elle remplit *dix colonnes et demie* du Moniteur [4]. Chabot avait dû rédiger cette espèce de réquisitoire; on voit dans le *Moniteur* [5] que le 8 brumaire, aux Jacobins, il « donna lecture de ce discours, écrit par une main exercée, aux applaudissements unanimes de l'auditoire. »

Destournelles, ministre des contributions, autre témoin à charge, interpellé par le président sur son nom, répondit : « Je le profère, à regret, le prénom

---

[1] Procès de Brissot, etc., 3ᵉ dossier. Archives impériales, section judiciaire.
[2] *Idem*, 4ᵉ dossier.
[3] *Idem*, 5ᵉ dossier, 5ᵉ pièce.
[4] Supplément au *Moniteur* du 6 brum. an II, p. viij.
[5] *Moniteur* du 11 brumaire, p. 166.

qui me fut donné à ma naissance; c'est Louis[1]. » La déclaration de ce témoin est au dossier, plus étendue qu'au *Moniteur*, signée de lui et « rédigée, dit-il, à la *demande de ses frères les Jacobins*[2]. »

Les sentiments des Jacobins étaient partagés par les témoins, par l'auditoire, par les jurés. Un de ces derniers, après avoir dit que Vergniaud n'avait cessé de vociférer contre Marat, cet ami du peuple, ajoutait[3] : « Vergniaud dit qu'il a été persécuté par Marat; j'observe que Marat a été assassiné et que Vergniaud est encore ici » (Les spectateurs applaudissent).

On verra plus bas qu'un juré, en opinant, traita les Girondins de *serpents venimeux*, que le peuple avait réchauffés dans son sein (n° 49).

46. Cependant, malgré cette situation déplorable, les Girondins se défendirent, Vergniaud surtout, avec une éloquence qui produisit une grande impression. Les Jacobins s'en préoccupèrent vivement.

Dans leur séance du 6 brumaire, Hébert dit que ce procès devait appeler toute la sollicitude de la société. Suivant lui, il existait un projet d'arracher ces *scélérats* au glaive de la loi.

Un citoyen, assigné comme témoin pour paraître au Tribunal, s'indigna des *lenteurs* dont on *entravait* cette affaire.... lorsque le crime était aussi évident.

L'orateur d'une députation de 400 sociétés populaires exprima son étonnement de trouver, en arrivant à Paris, le Tribunal révolutionnaire devenu un tribunal *ordinaire*, et de voir qu'il fallût des *témoins*,

---

[1] Dit supplément, p. iij.
[2] Procès de Brissot, j. cit., 5ᵉ dossier, 3ᵉ pièce.
[3] Dit supplément, p. viij.

des *formes* pour juger Brissot, alors qu'il *fallait le fusiller tout de suite*[1].

Le lendemain, 7 brumaire, les témoins Deffieux et Hébert, puis Chaumette, revinrent longuement sur le procès.

« Le grand jury, dit Hébert, a déjà prononcé ; l'opinion publique est fixée sur les crimes de cette faction *atroce*, et, avant que le Tribunal fût formé, elle les condamnait.....

« On sait bien que Brissot, Gensonné ; on sait bien que l'incendiaire du Calvados, Duchâtel ; que le prêtre Fauchet, qui prêchait la république et la loi martiale parmi les tripots du Palais-Royal ; on sait bien que ceux-là ne peuvent pas échapper ; mais bien un *phénix* que l'on veut faire renaître de sa cendre : c'est Vergniaud. Déjà plusieurs femmes aimables s'intéressent à lui ; publient qu'il se défend comme un ange ; et qu'il apporte de bonnes raisons à ses accusateurs.

« Il en est un autre aussi que les femmes veulent sauver, parce que, et il en faut convenir, il est *joli* ; c'est celui que Marat appelait le *furet* de la Gironde ;... c'est Ducos... »

Hébert, reproduisant un vœu de Chaumette, proposa ensuite d'aller demander à la Convention le jugement de Brissot dans les 24 heures. La société adopta cette proposition ; elle arrêta qu'elle irait en masse, et invita les tribunes à se joindre à elle[2].

47. Le 8 brumaire, les Jacobins se présentèrent donc à la barre de la Convention. Audouin, leur orateur, dit que le Tribunal révolutionnaire était *asservi* à des *formes* qui compromettaient la *liberté*. Il termina en proposant à l'Assemblée : 1° de *débarrasser* le Tribunal des *formes* qui *étouffent la conscience* et

---

[1] *Moniteur* du 9 brum. an II, p. 158.
[2] *Idem* du 10 brumaire, p. 162.

empêchent la conviction ; 2° de donner par une loi la faculté aux jurés de déclarer qu'ils sont assez instruits : alors les traîtres seraient déçus et *la terreur* serait à l'ordre du jour.

Osselin convertit en motion la seconde proposition des Jacobins. Robespierre proposa de la rédiger d'une manière plus précise, et la Convention décréta ce qui suit[1] :

Art. 1ᵉʳ. Si un procès, pendant au Tribunal révolutionnaire, a duré plus de trois jours, le président du Tribunal est tenu de commencer la séance suivante en demandant au jury si sa conscience est suffisamment éclairée.

Art. 2. Si les jurés répondent *non*, l'instruction sera continuée jusqu'à ce qu'ils aient fait une déclaration contraire.

Art. 3. Si le jury répond qu'il est suffisamment instruit, il sera procédé sur-le-champ au jugement[2].

48. Ce n'est pas tout. La Convention avait reçu du Tribunal extraordinaire une lettre écrite dans le même but que l'adresse des Jacobins. Le *Moniteur* n'en a retenu qu'un extrait ; je le transcris en entier, il en vaut la peine.

« La lenteur avec laquelle marchent les procédures instruites au Tribunal criminel extraordinaire nous force de vous présenter quelques réflexions. Nous avons donné assez de preuves de notre zèle, pour n'avoir pas à craindre d'être accusés de négligence ; nous sommes *arrêtés par les formes* que prescrit la loi.

« Depuis cinq jours le procès des députés que vous avez accusés est commencé, et neuf témoins seulement ont été

---

[1] *Moniteur* du 9 brumaire, p. 160.

[2] Collection du Louvre, t. 16, p. 352. Ce fameux décret n'est pas au *Moniteur*.

entendus. Chacun, en faisant sa déposition, veut faire l'historique de la Révolution ; les accusés répondent ensuite aux témoins, qui répliquent à leur tour ; ainsi il s'établit une discussion que la loquacité des prévenus [1] rend très-longue. Et, après ces débats particuliers, chaque accusé ne voudra-t-il pas faire une plaidoirie générale? Ce procès sera donc interminable! D'ailleurs, on se demande *pourquoi des témoins?* La Convention, la France entière accusent ceux dont le procès s'instruit ; *les preuves* de leurs crimes *sont évidentes ;* chacun a dans son âme *la conviction* qu'ils sont coupables. Le Tribunal ne peut rien faire par lui-même ; il est obligé de suivre la loi ; c'est à la Convention à faire *disparaître toutes les formalités* qui entravent sa marche » [2].

Cette lettre n'a pas besoin de commentaire ; elle suffit pour faire bien comprendre la justice révolutionnaire. Billaud-Varennes fut conséquent, en faisant dans la même séance (8 brumaire) donner au Tribunal extraordinaire son véritable nom de « Tribunal révolutionnaire [3], qu'il avait déjà reçu du public.

49. Avec cette loi du 8 brumaire, l'issue du procès des Girondins ne pouvait être tardive ni douteuse. A l'ouverture de l'audience du 9 brumaire, lecture fut donnée de la loi ; les jurés répondirent, d'abord, qu'ils n'étaient pas éclairés, et le débat continua. A deux heures, il y eut une suspension d'audience, pendant quatre heures, et pourquoi? Je n'ai pas su le découvrir dans le procès-verbal de la séance [4]. A six heures, les jurés, interpellés de nouveau, déclarèrent que leur conscience était suffisamment éclairée, et les questions leur furent posées,

[1] Et celle des témoins ; de Chabot, par exemple?
[2], [3] *Moniteur* du 9 brumaire, p. 160.
[4] Procès de Brissot, etc., déjà cité. Archives impériales.

Sans que l'accusateur public eût développé l'accusation,

Sans que les accusés eussent présenté leur défense,
Sans que le président eût résumé l'affaire.

Après trois heures de délibération, les jurés rentrèrent; leur réponse unanime fut affirmative; plusieurs motivèrent leur opinion. Le citoyen Brochet (l'auteur de la *prière à Marat*, V. n° 85) s'exprima ainsi [1] :

« Il n'est plus étonnant que nous ayons vu plusieurs fois la République à deux doigts de sa perte, par les machinations infernales de ses perfides ennemis. L'instruction de ce procès mémorable a dû convaincre, comme moi, le peuple, qui, pendant le cours des débats, s'est rendu avec intérêt dans cette enceinte, qu'il réchauffait dans son sein *des serpents venimeux* qui, après quatre années de constance et de zèle, pour acquérir et conserver le plus précieux de tous les biens, la liberté et l'égalité, ont voulu, par des manœuvres ténébreuses, étouffer cette même liberté dans le lieu même qui l'avait créée.

« L'exemple sévère qui aura lieu à leur égard, effrayera les mandataires infidèles, qui, tôt ou tard, seraient tentés de les imiter. Quant à leurs complices, ils *paraîtront*, avec le temps, devant le Tribunal révolutionnaire, établi pour faire tomber le glaive de la loi sur toutes les têtes coupables... »

« En me résumant, je déclare que les vingt et un accusés sont coupables... »

50. Les vingt et un Girondins furent tous condamnés à mort. Dufriche-Valazé se tua, à l'audience, d'un

---

[1] *Bulletin du Tribunal révolutionnaire*, 2ᵉ part., n° 64.

coup de stylet [1]. Sur les réquisitions de Fouquier, le Tribunal ordonna que son cadavre serait exposé sur le lieu du supplice. De son propre aveu, Fouquier voulait plus : il demanda que ce cadavre fût aussi *exécuté;* le président Herman se récria à cette réquisition, qui ne fut pas accueillie [2].

En descendant à la Conciergerie, les Girondins commencèrent, en chœur, la *Marseillaise*; il était onze heures et demie du soir [3].

Le lendemain, 10 brumaire, vers midi, les condamnés furent conduits au supplice. Sillery fut exécuté le premier, Vigée le dernier, au milieu d'une affluence énorme et telle qu'on n'en avait jamais vu depuis l'exécution de Lally (1766) et celle de Desrues (1777) [4].

---

[1] *Moniteur* du 6 brum. an II, supplément, p. XX.
[2] Procès de Fouquier, etc., déposition de Wolff, n° XXIII, p. 2; réponses de Fouquier, n° XXIV, p. 3.
[3], [4] *Bulletin du Tribunal révolutionnaire*, 2e part., n° 64.
Suivant M. de Lamartine, les vingt et un Girondins jugés et condamnés étaient au nombre de *vingt-deux.* « Ce nombre fatal, écrit dans la première pensée de la proscription au 31 mai, avait été maintenu et complété par l'adjonction aux Girondins d'accusés étrangers à leur faction, de *Bonneville,* entre autres, pour que le peuple, en voyant le même chiffre, crût retrouver le même complot, détester le même crime et frapper les mêmes conspirateurs. »
(*Hist. des Girondins*, t. 7, p. 27.
Je suis obligé de faire remarquer que le représentant Bonneville, placé là pour compléter ce nombre *fatal* de vingt-deux, avait été, plus de deux mois auparavant (le 4 sept. 1793), condamné à mort par le Tribunal criminel de la Charente-Inférieure. (Prudhomme, *Dict.*, etc., t. 1, p. 119.)

Incidents.

51. *Autres notables accusés.* — Après la reine, après les députés de la Gironde, on ne laissa pas le Tribunal manquer d'accusés illustres, dont le sort fut pareil : le 16 brumaire, Égalité, duc d'Orléans ; le 18, madame Roland [1] ; le 20, Bailly ; le 26, le général Houchard ; le 8 frimaire, Barnave et Duport-Dutertre ; le 15 nivôse, le général Luckner ; le 22, l'évêque Lamourette.

52. *Une exécution au milieu de la Convention.* — Dès cette époque, les exécutions suivaient presque immédiatement les condamnations ; il n'y avait de répit que les jours de décade. L'observation de cette règle inflexible fut la cause ou le prétexte d'un incident inouï, même pour le temps.

Le 1ᵉʳ pluv. an II, aux Jacobins (où l'on essayait habituellement les propositions hardies avant de les risquer à la Convention), Couthon fit remarquer que le lendemain (21 janvier) il y aurait un an que la tête du tyran était tombée, et demanda que la société célébrât cette époque mémorable par le serment, qui fut prêté, à l'instant, « de vivre libre ou mourir, de donner la mort aux tyrans et la paix aux chaumières. » Sur la mo-

---

[1] Mᵐᵉ Roland fut condamnée et exécutée, on le sait, avec Lamarche, dont elle releva le courage en allant à l'échafaud. M. de Lamartine (*Hist. des Girondins*, t. 7, nᵒˢ 243 et suiv.) a trouvé intéressant de faire de ce jeune homme un *vieillard*; or, Lamarche avait quatre ans de moins que Mᵐᵉ Roland (35 et 39 ans). *Moniteur* du 20 brum. an II, p. 201.

tion d'un autre membre, amendée par Couthon, la société arrêta :

1° Qu'elle se transporterait, le lendemain, tout entière, à la Convention, pour féliciter l'Assemblée de l'énergie qu'elle avait montrée dans le procès du tyran ;

2° Que tous ses membres assisteraient à la séance, en bonnet rouge, et le président une pique en main ;

3° Que de la Convention, les Jacobins se transporteraient au pied de l'arbre de la liberté pour y chanter un hymne patriotique ;

4° Que, le lendemain, il serait fait une salve générale d'artillerie à l'heure où le tyran mourut [1].

Le 21 janvier donc (2 pluv. an II), accompagnés du public de leurs tribunes, de députations de la Commune et de la garde nationale, précédés d'une musique militaire, les Jacobins vinrent demander à la Convention, en s'adressant surtout à la glorieuse Montagne, de décréter qu'une fête civique serait célébrée, chaque année, le jour de la mort légale du tyran. Après une réponse du président, à la *hauteur* de l'adresse des Jacobins, le décret demandé fut rendu ; puis, sur la proposition de Billaud-Varennes, l'Assemblée décida qu'elle se joindrait aux Jacobins pour aller, au pied de l'arbre de la liberté, célébrer cette *glorieuse* journée ; ce qui eut lieu immédiatement [2].

Mais, à peine la Convention était-elle arrivée sur la place de la Révolution (de la Concorde) que la fatale charrette, traversant ses rangs, y amenait quatre condamnés qui furent exécutés aussitôt et dont le sang

[1] *Moniteur* du 4 pluv. an II, p. 497.
[2] *Idem* du 3 pluviôse, p. 496.

souilla les vêtements de Bourdon de l'Oise et de plusieurs représentants. Bourdon et ses collègues détournaient la vue; des spectateurs leur firent remarquer qu'un député se trouvait au nombre des suppliciés.

A la séance du lendemain, 3 pluviôse, Bourdon, racontant avec énergie cet incident, demanda que le comité de sûreté générale fût chargé de l'examiner. « Ne souffrez pas, dit-il, qu'on puisse dire chez l'étranger que la Convention est allée se repaître du supplice de quatre condamnés. Je demande que l'Assemblée, instruite par ce qui s'est passé hier, n'aille jamais à des fêtes sans en avoir ordonné la marche et la police. Si, comme je n'en puis douter, il y a eu *dessein* dans ces atrocités, je demande qu'on en punisse sévèrement les auteurs. »

Ces propositions furent sur-le-champ adoptées [1].

Ainsi, dans la pensée de Bourdon, cet incident n'avait pas été l'effet du hasard ; des ordres avaient été donnés ou des mesures prises pour offrir à la Convention cet affreux spectacle. Un historien [2] présume que « les Jacobins avaient préparé la fête sans avertir la Convention du détail relatif aux quatre guillotinés. » Cette supposition me paraît assez plausible, et l'on doit reconnaître que la conduite de Bourdon laisse place à de graves soupçons. Après avoir exprimé son indignation dans les termes que j'ai cités, sans attendre au lendemain, à la fin de la même séance, il proposa et obtint le rapport du décret précédent. « La

---

[1] *Moniteur* du 4 pluviôse, p. 499.
[2] M. Granier de Cassagnac, *Hist. du Directoire*, 1851, t. 1er, p. 146.

manière dont la Convention avait accueilli, dit-il, ses propositions du matin devait prouver à tout le monde que l'intention de l'Assemblée n'était pas d'assister à l'exécution de ces quatre criminels [1]. »

Que s'était-il donc passé pendant la séance ? Une vérité périlleuse à dévoiler, une résistance trop puissante à combattre avaient-elles été présentées à Bourdon ? Je l'ignore et suis tenté de le croire. Ce qu'il y a de certain, c'est que le compte rendu des séances des Jacobins des 2 et 3 pluviôse ne fait aucune mention de cet incident [2].

53. *Fin de la première période du Tribunal du 10 mars.* — Nous touchons à la fin de la première période du Tribunal du 10 mars, commencée le 6 avril 1793, terminée le 17 ventôse an II (8 mars 1794). Durant ce temps l'action du Tribunal fut lente et modérée en comparaison de ce que nous offre la période suivante que je ferai commencer à la loi du 17 ventôse an II, dont je parle plus bas. En effet, dans ces onze mois, le Tribunal condamna 380 accusés à mort et 72 à d'autres peines; il en acquitta 331; et dans quelques affaires les juges et les jurés montrèrent de l'émotion. Ainsi :

54. Le 26 brumaire, *Boullet,* machiniste du Théâtre Français, accusé de propos contre-révolutionnaires, était acquitté ; trois témoins à charge recevaient l'injonction d'être plus circonspects, et ils étaient condamnés aux frais du jugement et de son affiche, à

---

[1] *Moniteur* du 5 pluv. an II, p. 504.
[2] *Idem* du 6 pluviôse, p. 1.

500 exemplaires, dans les départements de la Seine et de Seine-et-Oise [1].

Le même jour, dans l'affaire *Lauzanne*, suivie d'acquittement, trois témoins à charge étaient conduits à la Conciergerie, pour être ensuite jugés comme calomniateurs [2]. Huit jours après ils étaient condamnés, un à mort, les deux autres à 20 ans de fers [3].

Dans un procès *Michonis* (*intelligences criminelles avec la veuve Capet*), jugé le 29 brumaire, les neuf complices de cet accusé, acquittés, comme lui, furent embrassés par les jurés et les juges, au milieu des applaudissements de l'auditoire, et aux cris de : *Vive la république* [4] !

Le 3 pluviôse, un cordonnier du département de l'Eure, nommé *Leroux*, fut embrassé, de même, après son acquittement, et, comme il était dans une misère profonde, on lui remit 181 fr. produit d'une collecte faite à l'instant [5].

Le même jour, la veuve *Maréchale* [6], institutrice à Verneuil (Eure) était aussi acquittée avec enthousiasme, et un instituteur, nommé *Lefèvre*, qui demeurait chez elle et l'avait dénoncée, la remplaçait immédiatement au fauteuil, où, séance tenante, il était condamné à mort, pour avoir « écrit des lettres contenant les plus horribles calomnies contre la Convention, etc. »

Mais ne confondons pas les époques ; ces acquittements prononcés, accueillis avec émotion, sont an-

---

[1, 2] *Moniteur* du 29 brum. an II, p. 239.
[3] *Répertoire des jugements*, etc., an III, p. 241.
[4] *Bulletin du Tribunal révolutionnaire*, 2ᵉ part., n° 97.
[5, 6] *Moniteur* du 7 pluv. an II, p. 512.

térieurs à la loi du 17 ventôse ; la physionomie du Tribunal fut tout autre après cette loi [1].

La loi du 17 ventôse an II.

55. Ces acquittements nombreux ne contentaient la Montagne ni le Tribunal ; cela s'induit d'un rapport de Robespierre, fait le 5 nivôse an II, au nom du comité de salut public *sur les principes du gouvernement révolutionnaire*. On y lit les passages suivants :

« Le comité a remarqué que la loi n'est point assez prompte pour punir les grands coupables. Les étrangers, agents des rois coalisés, des généraux teints du sang des Français, d'anciens complices de Dumouriez, de Custine et de Lamarlière, sont depuis longtemps en état d'arrestation et ne sont point jugés.

« Les membres du Tribunal révolutionnaire, dont, en général, on peut louer le patriotisme et l'équité, ont *eux-mêmes indiqué* au comité de salut public les causes qui, quelquefois, entravent sa marche sans la rendre plus sûre, et nous ont *demandé* la réforme d'une loi qui se ressent des temps malheureux où elle a été portée. »

Robespierre proposa ensuite et la Convention adopta un décret où se trouve cette disposition :

Art. 2. Le comité de salut public fera, dans le plus court délai, son rapport sur les moyens de PERFECTIONNER l'organisation du Tribunal révolutionnaire [2].

---

[1] M. Louis Blanc (t. 11, p. 145), dans son chapitre : *la Terreur à son apogée*, publie une lettre inédite de Fouquier, sur l'affaire de la veuve Maréchale, où sont exprimés de louables sentiments ; mais cette lettre, du 4 niv. an II, était antérieure de près de deux mois et demi à la loi du 17 ventôse.

[2] *Moniteur* du 7 niv. an II, p. 391.

Le 17 ventôse suivant, sur le rapport de Merlin (de Douai), l'Assemblée décrétait « qu'en cas de partage des voix des jurés, l'accusé devant être acquitté, il ne serait, à l'avenir, procédé que par *onze* jurés, soit au Tribunal révolutionnaire, soit aux Tribunaux criminels »[1]. Grâce à cette combinaison, la *majorité des voix* était nécessaire pour qu'un accusé pût être renvoyé !

Les décisions du Tribunal ainsi affermies, sa compétence fut étendue un peu plus tard. Un décret du 27 germinal ordonna que « les prévenus de conspiration seraient traduits, de tous les points de la République, au Tribunal révolutionnaire de Paris. »

56. Vers le même temps, les poursuites et les condamnations capitales furent singulièrement multipliées. Durant les onze mois qui venaient de finir le Tribunal, je l'ai dit, avait jugé 783 accusés, dont 380 (moins de la moitié) avaient été condamnés à mort ; pendant les trois mois qui suivirent, du 19 floréal au 22 prairial, il en jugea 1115, dont 844 (plus des trois quarts) furent condamnés à mort.

57. C'est aussi après la loi du 17 ventôse que les affaires dites *fournées* devinrent fréquentes (sous la loi Couthon, bien plus fréquentes encore ; voy. le n° 103).

Ainsi furent jugées, je ne rappelle que les plus importantes :

Le 4 germinal, l'affaire *Hébert;* 20 accusés ; 19 condamnés à mort[2] ;

---

[1] *Moniteur* du 19 ventôse, p. 633.
[2] *Idem* du 5 germ. an II.

Le 16 germinal, l'affaire *Danton*; 16 accusés; 15 condamnés à mort [1];

Le 1er floréal, celle de *Lepeletier de Rosambo* et autres parlementaires; 24 accusés; tous condamnés [2];

Le 3, celle de *Malesherbes*; 13 accusés, dont 6 femmes; tous condamnés [3];

Le 5, celle de *Verdun* (la ville de); 35 accusés, dont 14 femmes; tous condamnés, 33 exécutés [4];

Le 9, celle du duc de *Villeroy*; 33 accusés; tous condamnés [5];

Le 19, celle des *Fermiers généraux*; 28 accusés; tous condamnés [6];

Le 21, celle de Madame *Élisabeth*; 25 accusés, dont 9 femmes, tous condamnés [7];

Le 15 prairial, celle de *Sedan* (la ville de); 27 accusés; tous condamnés [8].

58. L'instrument avait reçu un utile perfectionnement; mais il y en avait d'autres à apporter à « cette agence de la Terreur, » comme l'appelle M. Louis Blanc [9]. Les accusés pouvaient encore se faire assister d'un conseil ou se défendre eux-mêmes; ils pouvaient produire leurs témoins. La Convention, trompée par Saint-Just, rendit un décret qui eut pour résultat de priver Danton et ses coaccusés de ce double avantage; mesure qui dut suggérer plus tard les dispositions les plus importantes de la loi Couthon ou du 22 prairial.

---

[1] à [8] *Moniteur* des 17 germinal, 8, 11, 13, 16, 21, 23 flor., 22 prair. an II.

[9] *Hist. de la Révolution*, t. 10, p. 13.

Procès de Danton, Camille Desmoulins, Chabot, etc.

59. Le bulletin du Tribunal [1] contient le compte rendu de l'affaire de Danton ; quant au procès conservé aux Archives de l'Empire, il n'est pas venu entier jusqu'à nous. Il manque au dossier, entre autres pièces, le jugement de condamnation. Celles qui subsistent ne nous éclairent pas tout à fait sur cette affaire si importante de la Terreur. Voici ce que l'on y trouve à retenir de plus intéressant.

Interrogé, le 12 germinal, au Luxembourg, par le juge Dénizot, à la question s'il avait conspiré contre le peuple français en voulant rétablir la monarchie, détruire la représentation nationale et le gouvernement républicain, Danton répondit :

« Qu'il avait été républicain, même sous la monarchie et qu'il mourrait tel [2]. »

D'après le procès-verbal de la séance, sous la présidence d'Herman, les jurés, au nombre de sept étaient : Renaudin, Desboisseaux, Trinchard, Dix-Août, Lumière, Gannay et Souberbielle. Il y avait quatre juges, deux accusateurs publics, Fleuriot et Fouquier [3],

---

[1] 4ᵉ part., an II, nᵒˢ 16 à 26. — Je me suis abstenu, comme pour l'affaire de la *Reine*, celle des *Girondins* et d'autres encore, d'analyser les débats; mon but est moins d'examiner si les accusés étaient innocents ou coupables, que de faire connaître les formes, trop souvent illusoires, suivant lesquelles ils furent condamnés.

[2] Procès de Danton ; 12ᵉ liasse, interrogatoire, 5ᵉ pièce. Archives de l'empire.

[3] Même procès, 14ᵉ liasse ; 2ᵉ pièce. Mêmes archives.

Le 13 germinal, au commencement de la première séance, Camille Desmoulins, l'un des accusés, récusa *Renaudin*, l'un des jurés, sous le prétexte que pour ses opinions aux Jacobins, il l'avait pris au collet et menacé de l'assommer. Le Tribunal, après délibéré, considérant que les motifs de récusation proposés par Camille n'étaient pas prévus par la loi, ordonna qu'il serait passé outre aux débats [1].

Danton, qui était le 9ᵉ accusé, donna ses noms, etc., en ces termes, que tous les historiens [2] n'ont pas exactement reproduits :

Georges-Jacques *Danton*, âgé de trente-quatre ans, natif d'Arcis-sur-Aube (Aube), avocat au ci-devant Conseil ; révolutionnaire et représentant du peuple, ma demeure, bientôt dans le néant, ensuite dans le Panthéon de l'histoire, m'importe peu ; ancien domicile, rue et section Marat [3].

Cette affaire avait excité au plus haut degré l'attention publique. Depuis la salle de la *Liberté* (Voy. nº 20), où elle se jugeait, les curieux se pressaient à la file, le long de la galerie des Merciers, à travers l'ancienne cour du Harlay, la place Dauphine, le Pont-Neuf et jusque sur le quai de la Monnaie. Ceux qui étaient voisins de la salle recueillaient les paroles de Danton, de bouche en bouche, rapidement propagées au dehors [4]. De l'autre côté de la Seine,

---

[1] Même procès, 14ᵉ liasse ; 2ᵉ pièce. Mêmes Archives.

[2] Entre autres, M. de Lamartine, *Hist. des Girondins*, t. 8, p. 47.

[3] Même procès, 14ᵉ liasse ; 2ᵉ pièce. Mêmes Archives.

[4] Je dois ces détails à M. Labat, archiviste de la Préfecture de police, qui les a recueillis d'un témoin oculaire et digne de foi.

sur le quai de la Ferraille, arrivaient parfois les éclats de sa voix puissante [1].

La première séance fut occupée par la lecture des pièces. Le lendemain, 14 germinal, un 15e accusé, le général *Westermann*, fut joint aux autres, en vertu d'un décret de la Convention. On entendit ensuite un témoin : *Cambon* [2]. Le troisième jour, un 16e accusé, *Lullier*, fut amené en vertu d'un mandat d'arrêt de Fouquier [3]. Cependant Danton n'avait pas gardé le silence ; ses accents avaient ému l'auditoire. Fouquier, Herman, luttaient péniblement contre les accusés. Ces derniers, Danton à leur tête, réclamaient avec instance l'audition, comme témoins à décharge, de seize membres de la Convention. Fouquier écrivit alors au comité la lettre suivante, qu'Herman signa avec lui [4] :

« Citoyens,

« Un bruit horrible gronde depuis que la séance est commencée. Des voix effroyables réclament la comparution à l'audience des députés Simon, Courtois, Laignelot, Fréron, Panis, Liédot, Cullot, Merlin (de Douai), Gossuin, Legendre, Robert Lindet, Robin, Goupilleau, Lecointre (de Versailles), Brivat et Merlin (de Thionville). Les accusés en appellent au peuple entier du refus qui serait fait de citer ces témoins. Il est impossible de vous tracer l'état d'agitation des esprits et des accusés malgré la fermeté du Tribunal. Il est instant que vous vouliez bien nous indiquer une règle de conduite, et ce seul moyen serait un décret, à ce que nous croyons. »

---

[1] Buchez, *Hist. parlementaire*, t. 32, p. 164.

[2,3] Procès-verbal de la séance, déjà cité.

[4] Dossier de Fouquier, 74e pièce, cahier intitulé : *Extrait de toutes les pièces produites*, etc. Pièces à charge, n° 39. Archives de l'empire.

Le brouillon de cette lettre, était en entier de la main de Fouquier. Au bas se trouve la note suivante :

« J'atteste que cette lettre a été écrite par moi au cours des débats et que je n'en ai écrit aucune autre dans le cours de cette affaire ; qu'ainsi l'exposé du décret est faux »

Signé : Fouquier.

60. Saint-Just et Billaud-Varennes, du comité de salut public, se rendirent à la Convention ; là, au lieu de lire la lettre de Fouquier, Saint-Just dit « que l'accusateur public du Tribunal révolutionnaire mandait que la *révolte* des accusés avait fait suspendre les débats de la justice, jusqu'à ce que la Convention eût pris des mesures. » « Mensonge indigne ! dit M. Louis Blanc : dans la lettre de Fouquier, il n'était nullement question de révolte. Cette lettre, pourquoi ne pas la lire. Au moins aurait-il fallu faire savoir à la Convention ce que les accusés réclamaient ! Mais non : de l'objet de leurs réclamations et de la liste des députés qu'ils voulaient qu'on entendît, pas un mot. Jamais omission ne fut plus criminelle ; jamais réticence n'a ressemblé davantage à un assassinat. Il y a, là, une souillure qui, éternellement, suivra le nom de Saint-Just ! [1] »

Billaud-Varennes lut ensuite un long rapport de l'administrateur de police Wichterich [2], renfermant une dénonciation du nommé Laflotte, « homme peu sûr, » dit M. Louis Blanc [3], concernant un complot formé par Dillon, dans la prison du Luxembourg,

---

[1] M. Louis Blanc, *Histoire*, etc., t. 10, p. 387.
[2] Mis hors la loi le 9 thermidor, exécuté le 11.
[3] M. Louis Blanc, *Histoire*, etc., t. 10, p. 387.

pour délivrer Danton et ses coaccusés. — Alors la Convention, à l'unanimité, adopta un projet de décret, présenté par Saint-Just, en ces termes [1] :

« La Convention nationale, après avoir entendu le rapport, etc., décrète que le Tribunal révolutionnaire continuera l'instruction relative à la conjuration de Lacroix, Danton, Chabot et autres ; que le président emploiera tous les moyens que la loi lui donne pour faire respecter son autorité et celle du Tribunal révolutionnaire, et pour réprimer toute tentative de la part des accusés pour troubler la tranquillité publique et entraver la marche de la justice ;

« Décrète que tout prévenu de conspiration qui résistera ou insultera à la justice nationale, sera mis hors des débats sur-le-champ » [2].

61. Ce décret fut envoyé d'urgence au Tribunal, où sa lecture, le jour même, excita de tels mouvements parmi les accusés, que le président leva l'audience. Le lendemain, 16, armé de ce décret et de celui du 8 brumaire, rendu pour le procès des Girondins, le Tribunal fit déclarer, par les jurés, qu'ils étaient suffisamment éclairés, et on procéda au jugement sans entendre, ni les témoins à décharge, ni l'accusateur public, ni les défenseurs, ni le président. Les accusés exhalèrent leur indignation en des paroles brûlantes. Camille Desmoulins déchira son projet de défense et le jeta à la tête de Fouquier-Tinville [3]. C'est cette démonstration qui fait supposer [4]

[1,2] *Moniteur* du 16 germ. an II, p. 794.

[3] M. Louis Blanc, *Histoire*, etc., t. 10, p. 392.

[4] M. le président Hiver, *Histoire des Institutions judiciaires*, p. 343. Le fait des *boulettes* fut (à tort) attesté à la Convention par Vadier. Buchez, *Histoire parlementaire*, t. 32, p. 193.

que Danton, la veille, avant le décret, avait cyniquement lancé des boulettes à la tête de ses juges ; dans le procès de Fouquier, ce fait fut démenti par l'accusé Herman [1], qui, dans l'intérêt de sa défense personnelle, n'eût pas manqué de le confirmer.

Le procès-verbal de la séance ne mentionne pas la présence des accusés à l'ouverture de l'audience du 16 germinal, mais ne constate pas non plus leur absence. Le bulletin rapporte d'ailleurs que Danton et ses coaccusés assistèrent au commencement du débat ce jour-là, et qu'on les fit sortir pendant la délibération préliminaire du jury [2].

Quoi qu'il en soit, le 16 germinal, le président donna lecture du décret du 8 brumaire, relatif à l'instruction des procès criminels et interpella les jurés de déclarer s'ils étaient suffisamment instruits. Les jurés répondirent qu'ils allaient se retirer dans leur chambre pour délibérer [3].

En ce moment, d'après le bulletin, les « accusés, et principalement Lacroix et Danton, crièrent à l'injustice et à la tyrannie : *Nous allons être jugés sans être entendus*, dirent-ils ; point de délibération ; *nous avons assez vécu pour nous endormir dans le sein de la gloire ; que l'on nous conduise à l'échafaud !* —Ces sorties indécentes déterminèrent le Tribunal à faire sortir les accusés [4]. »

De retour, les jurés déclarèrent qu'ils étaient suffisamment instruits et en état d'exprimer leur déclaration.

---

[1] Procès de Fouquier, n° XXIV, p. 3.
[2] *Bulletin du Tribunal*, etc., 4ᵉ part., an II, n° 26, p. 102.
[3] Procès-verbal de la séance, déjà cité.
[4] Dit Bulletin, *ibid*.

A l'instant, l'accusateur public exposa que l'indécence avec laquelle les accusés s'étaient défendus dans le cours des débats, les brocards, les blasphèmes même qu'ils avaient eu l'impudeur de prononcer contre le Tribunal, devaient le déterminer à prendre des mesures proportionnées à la gravité des circonstances ; sur sa réquisition le Tribunal ordonna que les questions seraient posées et le jugement prononcé en l'absence des accusés [1].

Ces questions sont divisées en deux catégories : la première qui concerne Lacroix, Danton, Camille Desmoulins, Phelippeaux, Hérault-Séchelles et le général Werstermann est ainsi conçue :

« Il a existé une conspiration tendante à rétablir la monarchie, à détruire la représentation nationale et le gouvernement républicain. » (Quelle question à propos de Danton !)

Quinze accusés furent déclarés coupables ; le seizième, Lullier, fut seul acquitté [2].

Lorsque les jurés rentrèrent, ils étaient très-animés ; *Trinchard*, qui était à leur tête, s'approchant du greffier et faisant un geste cruel, lui dit : *Les scélérats vont périr* [3].

Le jugement prononcé, le Tribunal ordonna qu'il serait notifié aux accusés, par le greffier, entre les deux guichets de la Conciergerie [4].

62. C'est ainsi que fut conduit le procès de Danton, comme l'avait été celui des Girondins. Le jugement

---

[1] Procès-verbal de la séance, déjà cité.
[2] Dit procès de Danton, 14ᵉ liasse, 2ᵉ pièce.
[3] Procès de Fouquier, déposition de Pâris, n° xxvj, p. 2.
[4] Procès-verbal de la séance, déjà cité.

était prévu ; car le 16 germinal, à la Commune de Paris, Payan[1] s'exprimait ainsi : « Neuf députés qui, après avoir joui de la confiance du peuple, l'ont perdue, *vont bientôt tomber* sous le glaive de la loi : Danton, Camille Desmoulins, etc.[2] »

Procès de Malesherbes.

63. Parut, ensuite, sans beaucoup tarder, l'illustre Malesherbes. Traduit, le 3 floréal, devant le Tribunal, avec d'Éprémesnil, Thouret, Lechapellier, etc., ses soixante-douze années de vertus, son dévouement à la cause du peuple et de la liberté, ses luttes glorieuses avec les fermiers généraux[3] ne le sauvèrent pas.

64. L'interrogatoire de Malesherbes (2 germinal), avant les débats, se borna à deux questions, dont une de forme :

« *Demande.* N'avez-vous pas conspiré contre la sûreté et la liberté du Peuple français, et n'avez-vous pas dit que vous emploieriez tous vos moyens pour anéantir la République?

« *Réponse.* Je n'ai jamais dit cela.

« *D.* Avez-vous un défenseur ?

« *R.* Non.

« En conséquence, lui avons nommé, etc. »[4].

---

[1] Mis hors la loi le 9 thermidor, exécuté le 10, avec Robespierre. — On verra, 2ᵉ partie, § 6, sa lettre à Roman-Fonrosa, sur les *principes* des juges révolutionnaires.

[2] *Moniteur* du 18 germ. an II, p. 804.

[3] V. ma *Justice du grand-criminel au XVIIIᵉ siècle*, 1859, in-8°, nᵒˢ 25 à 29.

[4] Procès de d'Éprémesnil, Thouret, etc. Archives impériales, section judiciaire, et *Bulletin du Tribunal*, 4ᵉ part., n° 46, p. 183.

Dans l'acte d'accusation (du 2 floréal), on lit ces passages :

« Malesherbes présente tous les caractères d'un *conspirateur* et d'un *contre-révolutionnaire*...

« Il ne cessait de s'occuper de *ramener l'ancien ordre de choses* ;

« Il ne s'est proposé et n'a été accepté pour le défenseur de Capet, que par l'*effet d'une intrigue ourdie dans le cabinet de Pitt*, avec les parents de Malesherbes, émigrés à Londres ; dans ce rôle il n'a été que l'agent de tous les contre-révolutionnaires soudoyés par le despote d'Angleterre [1]. »

65. M. Louis Blanc parle de la condamnation de ce grand homme de bien, en des termes dont la juste sévérité lui fait honneur : « Mais un meurtre qui étonne autant qu'il fait horreur, c'est celui de Malesherbes... S'il était un homme que la révolution dût respecter, c'était lui, lui le correspondant et le protecteur de Rousseau, l'ami constant des philosophes ; lui, sans qui, au témoignage de Grimm, l'*Encyclopédie* n'aurait jamais paru. Il n'avait rien rétracté, d'ailleurs, ne s'était mêlé à aucune résistance, et son admirable conduite envers Louis XVI détrôné, abandonné de tous, condamné à mourir, n'était qu'un titre de plus à la sympathie des âmes généreuses. Les considérants de l'arrêt sous lequel il succomba sont odieusement vagues ; ils portent : « Convaincu d'être auteur ou complice des complots qui ont existé, depuis 1789, contre la liberté, la sûreté et la souveraineté du peuple[2]. Tant de vertige, consterne et épouvante » [3].

[1] Procès de d'Éprémesnil, déjà cité.
[2] *Moniteur* du 11 flor. an II, p. 898.
[3] M. Louis Blanc, *Histoire*, etc., t. 10, p. 434.

Procès de Néyon, dit des *Vierges de Verdun.*

66. Le 5 floréal an II (24 avril 1794) *Néyon,* lieutenant-colonel au 2ᵉ bataillon de la Meuse et trente-quatre autres accusés, parmi lesquels quatorze femmes ou filles, étaient traduits devant le Tribunal comme auteurs ou complices de manœuvres et intelligences tendant à livrer aux ennemis la place de Verdun [1] etc., (le 2 sept. 1792; vingt-mois auparavant!). — Tous les hommes et douze des femmes furent condamnés à mort, les deux autres à la détention; on reprochait surtout à ces quatorze accusées, d'avoir fait partie d'un rassemblement devant la maison commune, pendant que le conseil et le commandant de place Beaurepaire y étaient réunis pour délibérer sur la reddition de la ville [2].

Cette affaire a excité plus d'une muse. M. Victor Hugo, dans sa jeunesse, a composé sur ce sujet une ode intitulée : *Les vierges de Verdun* [3]. Si cette pièce n'est pas parfaitement d'accord avec l'histoire, le *Quid libet audendi* d'Horace protége son auteur.

A son tour, dans son *Histoire des Girondins* [4], M. de Lamartine, a parlé et en ces termes de la fin tragique des femmes de Verdun :

« Amenées (ces jeunes filles) à Paris et traduites au Tribunal, leur âge, leur beauté, l'ancienneté de l'injure, les triomphes vengeurs de la République, ne furent pas comptés

---

[1] *Moniteur* du 13 flor. an II, p. 906.
[2] Dossier de l'affaire Néyon. Archives de l'empire.
[3] *Odes et ballades,* 1845, in-18, p. 9.
[4] 1847, in-8°, t. 8, p. 125.

pour excuse. Elles furent envoyées à la mort pour le crime de leur père. *La plus âgée avait dix-huit ans.* Elles étaient toutes vêtues de robes blanches. La charrette qui les portait ressemblait à une corbeille de lis, dont les têtes flottent au mouvement du bras. Les bourreaux attendris pleuraient avec elles. »

Pourquoi, sous une telle plume, la fable ne peut-elle faire oublier l'histoire; on serait charmé par la fantaisie d'un tableau peint de si suaves couleurs. Hélas, la plus âgée des malheureuses femmes de Verdun avait non pas dix-huit, mais *soixante-neuf* ans; la plus jeune, vingt-deux; quatre plus de quarante ans; deux bien plus de cinquante. Deux, à la vérité, Claire Tabouillot et Barbe Henry, n'étaient âgées que de dix-sept ans [1], mais, condamnées, seulement, à la détention, elles ne montèrent pas dans la fatale charrette.

Pour les *Fermiers généraux*, V. n° 106.

Procès de madame Élisabeth.

67. Madame Élisabeth, cet ange de bonté, avait été enfermée au Temple avec Louis XVI, le 11 août 1792, le 9 mai 1794 (20 floréal an II) elle fut transférée à la Conciergerie [2] et traduite, le lendemain, devant le tribunal. Au bout de 21 *mois* on découvrit

---

[1] *Liste générale des conspirateurs*, in-18, n° iv, p. 6.— Prud'homme, *Dictionnaire*, etc.; *Moniteur* du 13 floréal, j. cit.

[2] Écrouée en ces termes: « Élisabeth-Marie Capet, sœur de Louis Capet, dernier tyran. » Registre, f° 222, verso. Archives de la préfecture de police.

qu'elle avait été, suivant Fouquier, « complice des complots et conspirations formés par Capet, sa femme, sa famille et ses agents. »

M. Louis Blanc [1] prétend, d'après Beaulieu [2], que Robespierre avait voulu la sauver, mais que Collot d'Herbois l'en avait empêché. Ce qui est certain c'est que Robespierre fit, aux Jacobins, le 1er frimaire, rejeter une proposition d'Hébert, tendant à faire juger la *race* de Capet, etc. Déjà, dans la même société, le 7 brumaire, Hébert, après avoir déposé contre la Reine, ainsi qu'on l'a dit plus haut (n° 36), demandait en pressant le jugement des Girondins, que l'on jugeât Madame Élisabeth, et cela en des termes que je n'oserais reproduire, n'étaient les devoirs impérieux de l'historien :

« On jugea Capet et sa femme, et leurs nombreux complices restent impunis. J'ai vu sur la sœur de Capet des traits qui peignent sans réplique cette femme atroce; c'est elle qui accompagna son frère à la revue des assassins du peuple, dans sa fuite et dans toutes ses démarches contre-révolutionnaires; qui lui en souffla un grand nombre; on sait qu'elle se défit de ses diamants pour les envoyer à l'homme qui avait provoqué sur nous le fer et le feu; il est mille traits d'elle qui devraient déjà l'avoir conduite à l'échafaud; on n'en parle point non plus, et sans doute on veut ainsi la soustraire à la justice, à la vengeance du peuple [3]. »

Le 1er frimaire, aux Jacobins, Hébert, déclara de nouveau qu'il fallait que tous les ennemis du peuple périssent; que, lorsque l'on avait jugé Capet il fallait

[1] *Histoire*, etc., t. 10, p. 427 et 438.
[2] *Essais historiques sur la Révolution*, t. 6, p. 10.
[3] *Moniteur* du 10 brum. an II, p. 162.

4.

juger sa *race*, et il demanda en se résumant, que l'on en poursuivît partout *l'extinction*. »

Robespierre répondit qu'il votait, en son cœur, pour que la race des tyrans disparût de la terre ; mais qu'il ne pouvait s'aveugler sur la situation de son pays au point de croire que cet événement suffirait pour éteindre le foyer des conspirations qui le déchiraient. « A qui persuaderait-on, ajouta-t-il, que la punition de la méprisable sœur de Capet imposerait plus aux ennemis que celle de Capet lui-même et de sa criminelle compagne? »... La demande d'Hébert ne fut pas prise en considération [1].

On lit dans la biographie Boisjolin [2], que Billaud-Varennes eut soin que le jugement de madame Élisabeth fût demandé par les Jacobins. Je n'ai pas trouvé la mention de cet incident à mes yeux très-vraisemblable (voy. le procès de la Reine et celui des Girondins).

68. Quoi qu'il en soit, l'acte d'accusation (20 floréal an II), contre cette infortunée, et les vingt-quatre complices qui partagèrent son sort, ne le cède, au fond, ni en la forme, à aucun des actes du même genre sortis de la plume de Fouquier. En voici le début [3] :

« Les *crimes* de tout genre, les *forfaits amoncelés* de Capet, de la *Messaline* Antoinette, des deux frères Capet et d'Élisabeth, sont trop connus pour qu'il soit nécessaire ici

---

[1] *Moniteur* du 6 frimaire, p. 266.
[2] *Biographie portative des Contemporains*, 5 vol. in-8°, 1826, t. 2, p. 1571.
[3] *Bulletin du Tribunal révolutionnaire*, 4ᵉ part., n° 82.

d'en tracer l'horrible tableau ; ils sont *écrits en caractères de sang* dans les annales de la révolution...

« Élisabeth a partagé tous ces crimes ; elle a coopéré à toutes les trames, à tous les complots formés par ses infâmes frères et par la scélérate et impudique Antoinette. Elle avait *médité*, avec Capet et Antoinette, *le massacre* des citoyens de Paris dans l'immortelle journée du 10 août... Elle aidait la barbare Antoinette *à mordre les balles...* » (V. n° 35.)

69. M. Chauveau-Lagarde, désigné comme défenseur à Madame Élisabeth, ne put communiquer avec elle. Lorsqu'il se présenta à la Conciergerie, Fouquier lui répondit que le jugement n'aurait pas lieu de sitôt et refusa l'autorisation nécessaire. Le lendemain, M. Chauveau, en arrivant au Tribunal, aperçut, à sa grande surprise, Madame Élisabeth au milieu de nombreux accusés, et en évidence sur le sommet des gradins [1].

70. A l'ouverture des débats, le 21 floréal an II, madame Élisabeth fut interrogée par le président Dumas. Cet interrogatoire occupe quatre pages du Bulletin [2]. Le langage du président est violent, injurieux, cruel; celui de la princesse, calme, digne, élevé, touchant. Ses réponses sont excellentes, un point excepté, celui de l'envoi de ses diamants au comte d'Artois. Ce fut là, probablement, le prétexte de sa perte, assurée, d'ailleurs, comme celle de tant d'autres innocents devant le Tribunal.

Quoique pris au dépourvu, M. Chauveau-Lagarde présenta la défense de Madame Élisabeth,[3] qu'il ter-

---

[1, 3] Chauveau-Lagarde, *Note sur le procès de Madame Élisabeth*, 1816, in-8°, p. 51 et 57.

[2] Pag. 328 à 330, n° 82.

mina par l'éloge de ses vertus, ce qui lui attira une violente apostrophe de la part de Dumas.

71. Aux yeux de M. Louis Blanc, madame Élisabeth était coupable. « Nul doute[1], dit-il, qu'elle n'eût conspiré contre la révolution, trempé dans le projet de fuite à Montmédy, entretenu avec les princes émigrés une correspondance suivie, et donné au fils de Louis XVI, captif, l'éducation de la royauté. » M. Louis Blanc ajoute, cependant, « que la justice eût dû tenir compte des *circonstances atténuantes* qui existaient en sa faveur. »

Le jugement de cette affaire, comme beaucoup d'autres (voy. plus bas l'affaire Ornano), avait été signé en blanc par les juges, et rempli plus tard de la condamnation, par le greffier[2], très-probablement après l'exécution.

Des 25 condamnés du 21 floréal, madame Élisabeth fut exécutée la dernière et sa tête fut montrée au peuple[3].

---

[1] *Histoire*, etc., t. 10, p. 438.
[2] Procès de Mme Élisabeth et autres, 1re pièce. Archives impériales, armoire de fer.
[3] Buchez, *Histoire parlementaire*, t. 34, p. 123.

§ 3. — *Tribunal du 22 prairial an II.*

72. D'après les actes que je viens de rappeler, le Tribunal du 10 mars 1793, fortifié, le 17 vent. an II, aurait dû paraître une institution révolutionnaire satisfaisante ; il n'en fut pas ainsi ; on voulut encore raviver cet instrument de terreur, et la loi du 22 prairial, qui y pourvut, contribua largement par les exécutions qui la suivirent, à précipiter la réaction du 9 thermidor.

Les vues du triumvirat de l'époque, Robespierre, Couthon et Saint-Just étaient revélées, le 11 prairial, par Carrier, qui était revenu de Nantes. Ce jour là, sur son rapport, la Convention [1] suspendait l'exécution de quatre jugements du Tribunal criminel du Cantal, et renvoyait l'examen de ces décisions au comité de sûreté générale ; *trois*, parce que des aristocrates avaient été acquittés ou faiblement condamnés ; le *quatrième* parce qu'un patriote avait été condamné aux *fers* pour *faux*. Déjà le représentant Bô avait fait mettre en état d'arrestation des jurés de ce Tribunal, comme contre-révolutionnaires.

Le même jour, sur la motion de Lénaut et de Seryeil, le même Comité fut chargé d'examiner d'autres jugements rendus par le Tribunal criminel de l'Ardèche [2].

Enfin la loi du 22 prairial ne fut pas préparée sans que le comité de salut public n'eût été parfaitement

---

[1,2] *Moniteur* du 13 prair. an II, p. 1029.

instruit des résultats obtenus jusque là au Tribunal révolutionnaire (résultats trouvés probablement *insuffisants*); la lettre suivante adressée à Fouquier, le prouve :

Comité de salut public, 12 prairial an II.

Tu nous enverras le recensement exact des individus condamnés à mort depuis l'établissement du Tribunal révolutionnaire ; tu continueras ainsi cet envoi par décade.

Signé : Billaud-Varennes, Couthon et Robespierre [1].

73. Le 22 prairial, Couthon, au nom du comité du salut public, présenta à l'Assemblée, concernant la réorganisation du Tribunal révolutionnaire, un projet de loi, « œuvre spéciale de Robespierre », dit M. Louis-Blanc [2], précédé d'un exposé de motifs ou rapport.

Après la lecture du projet, Ruamps, soutenu par Lecointre (de Versailles), demanda l'impression et l'ajournement et dit que s'il était adopté sans l'ajournement il se brûlerait la cervelle. Mais Robespierre insista pour une discussion immédiate, dût-elle durer jusqu'à neuf heures du soir ; son discours fut très-applaudi, et après quelques observations sans importance, le projet et la liste du personnel qu'il contenait furent adoptés séance tenante [3].

74. Je ne transcris pas ces documents célèbres; je ferai seulement ressortir les dispositions du décret qui, suggérées par l'expérience et l'intention de

---

[1] Dossier de Fouquier ; *Extrait de toutes les pièces produites*, etc. Pièces à charge, n° 72. Archives de l'empire.
[2] *Histoire*, etc., t. 10, p. 476.
[3] *Moniteur* du 24 prair. an II, p. 1073 et s.

multiplier les condamnations, avaient évidemment pour but d'enlever aux accusés tout moyen de salut.

Ainsi, dans le personnel du nouveau Tribunal (décret, art. 3), les juges et les jurés avaient subi une épuration ; étaient conservés, parmi les premiers : Dumas, Coffinhal, Ragmey, Fouquier, Liendon ; — parmi les seconds, vingt-neuf sur cinquante, c'est-à-dire les jurés *solides* (V. n° 85); ceux à qui on avait aperçu de l'humanité, notamment, Naulin, Sellier, Maire, Harny, Châtelet (V. n° 86), étaient éliminés.

L'*impair* des jurés, inventé par Merlin, le 17 ventôse (V. n° 55), était maintenu, art. 3.

La définition de plusieurs des crimes révolutionnaires était extrêmement vague (art. 6) et, par là, facile à adapter aux faits.

Le Tribunal du 10 mars avait épargné la vie de quelques accusés reconnus coupables et les avait condamnés à des peines inférieures ; la seule peine, désormais applicable, était *la mort*, art. 7.

La preuve à administrer, matérielle ou morale, suffisait et dispensait de tout témoignage. Art. 8 et 13. On se débarrassait ainsi des témoins à décharge.

Plus d'interrogatoire avant les débats (préliminaire qui éveillait l'attention des accusés sur les faits à leur charge). Art. 12.

Plus de défenseurs (Art. 16); plus de défense générale des accusés; plus de discours de l'accusateur public, plus de résumé du président. Art 17. Ainsi étaient évitées, à l'avenir, les concessions miséricordieuses que faisaient parfois l'accusateur public et le président, et les explications éloquentes des Girondins et des Dantonistes, et la confusion de l'accusateur public et du président, qui avaient montré tant d'infériorité dans la lutte.

Il n'y a eu qu'une voix sur la loi du 22 prairial. M. Louis Blanc [1], qui en examine plusieurs articles, ne lui marchande pas, ainsi qu'au rapport de Couthon, toute sa sévérité.

Telles étaient les principales dispositions de cette loi fameuse[2]. Le personnel du tribunal, juges et jurés, on va le voir, se trouva préparé à les appliquer sans hésitation. Voici sur ce personnel, sur ses membres les plus marquants, ce qui a été recueilli de plus certain concernant leurs actes et leurs paroles ; après viendront les affaires, la manière de procéder au jugement : c'est du procès de Fouquier que je tire surtout ces détails, à mes yeux parfaitement exacts, je vais dire pourquoi.

75. Fouquier et ses complices furent jugés, sans doute, après le 9 thermidor et au milieu de la réaction qui suivit cette journée ; mais ce fut d'abord sous l'empire de la loi du 16 nivôse an III, qui avait singulièrement amélioré la procédure du Tribunal révolutionnaire ; ce fut, en outre, avec une solennité, une lenteur, une patience qui auraient permis à ces accusés de se pleinement justifier, si cela eût été possible. 419 témoins, dont 223 à décharge furent entendus [3]. D'après le compte rendu publié par Donze-

---

[1] *Histoire*, etc., t. 10, p. 479 et suiv.

[2] Sur l'institution contemporaine du *Bulletin des lois*, V. n° 30, note.

[3] Dossier de l'affaire Fouquier. Procès-verbal de la séance, 6ᵉ pièce. Archives de l'empire.

lot, et qui ne comprend que 20 audiences sur 32, occupées par l'audition des témoins [1], Fouquier, lui seul, prit 163 *fois* la parole [2]. Les faits établis par un tel débat peuvent donc être considérés comme prouvés; et c'est là, aussi, que M. Louis Blanc a puisé la plus grande partie de ceux qu'on va lire.

Personnel du Tribunal. — Fouquier-Tinville.

76. D'abord se présente Fouquier-Tinville, la personnification du Tribunal révolutionnaire. « Il fut, à Paris, dit M. Louis Blanc [3], le représentant de ce génie exterminateur qui allait se personnifier dans Collot-d'Herbois et Fouché à Lyon, dans Carrier à Nantes. Son opinion était presque toujours *la mort*. Il avait de tels accès d'impatience sanguinaire, qu'il faisait préparer à l'avance les jugements, la guillotine et les charrettes » [4].

« Un détenu (le comte de Fleury), ayant écrit pour demander sa mise en liberté, Fouquier dit qu'il fallait le satisfaire, puisqu'il était si pressé [5]. » Il le fit donc extraire sur-le-champ de la prison et placer

---

[1] Dossier de l'affaire Fouquier ; procès-verbal de la séance, 6e pièce. Archives de l'empire.

[2] Procès de Fouquier-Tinville, 48 nos in-4°, le 1er de 16, les autres de 4 pages ; plus, un cahier intitulé : *Jugement rendu*, etc., in-4° de 90 pages, an III.

[3] *Histoire*, etc., t. 10, p. 17 et 18.

[4] *Histoire, ibid.* Procès, dépositions de Wolff, Thierriet, Neirot, Simonnet, Dobsen, nos xxij, p. 3 ; xix, p. 7 ; xxij, p. 4 ; xxviij, p. 4 ; xxix, p. 3 ; xlj, p. 3.

[5] *Histoire, ibid.* Procès, déposition de Tavernier, n° xxix, p. 4.

parmi les accusés qui étaient déjà sur les bancs, et, le jour même, il fut condamné sans avoir reçu d'acte d'accusation [1].

Fouquier, requérant la translation de condamnés à la Conciergerie, ajoutait à son réquisitoire : « Fais apporter les effets, parce qu'ils ne retourneront plus! » Cet ordre, ainsi annoté, fut produit au tribunal. Fouquier prétendit que c'était par humanité qu'il avait ajouté cette note, les accusés n'ayant que des lits fort mauvais dans l'autre prison [2].

« En certaines circonstances, il résulta de ses hâtives fureurs qu'il y eut substitution de personnes »[3]; c'est ainsi que Saint-Pern fils fut condamné pour son père, Loizerolles et Sallier pères, pour leurs fils. On trouvera plus bas (n°s 113, 114, 118), l'histoire de ces trois erreurs judiciaires.

77. Quelquefois, il laissait, sans les ouvrir, des paquets que lui avaient adressés les accusés et qui contenaient des pièces à décharge. On trouva de ces paquets chez lui et au greffe après son arrestation [4]. Il disait un jour qu'il était inutile de lire des pièces qu'il venait de recevoir, puisque les accusés seraient condamnés dans la journée [5].

78. Un huissier ayant reçu l'ordre d'aller chercher

---

[1] *Histoire, ib.* Procès, déposition de Tavernier, n° xxix, p. 4.

[2] Procès, n°s xxix, p. 4; xxx, p. 1.

[3] M. Louis Blanc, *Histoire*, t. 10, p. 18.

[4] *Idem.* Déposition de Thierriet et de Neirot, n°s xix, p. 3; xxviij, p. 4.

[5] *Idem.* Déposition de Thierriet.

au Luxembourg une citoyenne *Biron*, vint dire à Fouquier, qu'il avait trouvé deux femmes de ce nom. « Eh bien, s'écria celui-ci, amène-les toutes les deux, *elles y passeront* [1] ! » Amenées, à 9 heures du soir, ces deux infortunées furent condamnées et exécutées le lendemain [2].

Il se plaignait souvent de ce que les huissiers n'allaient pas assez vite en besogne : « Vous n'êtes point au pas, » leur disait-il, et il ajoutait, en parlant des accusés : « Il m'en faut deux à trois cents par décade [3]. » Une autre fois, il comptait que le nombre des accusés de la décade suivante serait de quatre à cinq cents, et il disait aux huissiers : « Allons, mes b... il faut que cela marche, il faut que cela aille [4] !

79. *Malades et infirmes traduits.* — La maladie, les infirmités des accusés n'arrêtaient pas Fouquier ; ainsi il fit amener au Tribunal où ils furent condamnés à mort, sans désemparer :

Osselin, ancien député, qui s'était enfoncé un clou dans la poitrine [5] : il fut conduit à l'audience sur un brancard, presque mourant ; le président fut obligé de se rendre près de lui pour recevoir ses réponses [6] ;

---

[1] *Histoire*, t. 10, p. 18. Procès, déposition de Thierriet.
[2] Procès, déposition de Wolff, n° xxiij, p. 1.
[3] Procès, dépositions de Auvray, Boucher et Tavernier, n° xxix, p. 2, 3, 4.
[4] Dépositions de Wolff, n° xxij, p. 3 ; de Tavernier, n° xxviij, p. 2.
[5] Déposition de Langeac, n° xj, p. 3.
[6] Prudhomme, *Dictionnaire*, etc., t. 2, p. 226 ; M. Louis Blanc, *Histoire*, t. 11, p. 99.

Des accusés placés à l'hospice et affaiblis au point que l'on fut obligé de les transporter à bras [1] ;

Ormesson de Noizeau, membre du Parlement de Paris, apporté sur une civière à l'audience, la tête et les jambes empaquetées [2] ;

Puy Devérine, sourd, aveugle, affecté d'une descente, dans un état voisin de l'enfance, et tel qu'à la porte de la Conciergerie il fallut quatre personnes, le cocher et trois gendarmes, pour le tirer de la voiture, et que l'on dut *changer tous ses vêtements* avant de l'introduire à l'audience [3] ;

Deux dames *de Noailles*, cassées de vieillesse et sourdes. Le président leur demanda leurs noms, elles n'entendirent pas. On les fit descendre des gradins et approcher de lui ; elles dirent enfin leurs noms. Retournées sur les gradins, on leur demanda : « Connaissez-vous la conspiration ; allez-vous chez la Boisgelin ? Elles n'entendirent rien et ne purent répondre [4].

80. *Octogénaires traduits.* — Si la maladie des accusés n'arrêtait pas Fouquier dans ses exécutions, leur *âge* n'était pas non plus pour lui un obstacle. Il suffit de parcourir le *Moniteur*, surtout dans les derniers temps, pour trouver nombre d'*octogénaires* traduits au Tribunal et condamnés à mort pour *conspiration* contre la République. Ainsi étaient condamnés :

---

[1] Procès, déposition de Duchâteau, n° xxij, p. 2.
[2] Déposition de Wolff, n° xxij, p. 4.
[3] Déposition de Lhuillier, et nombreuses pièces lues à l'audience, n° xlvij, p. 2.
[4] Déposition de Julien, n° xj; p. 1.

Le 18 messidor an II, Jean *Brady*, conseiller au Parlement de Toulouse, âgé de 85 ans [1] ;

Le 19 messidor, J.-B. *Julien*, ancien intendant ; *de Salignac Fénelon*, abbé, l'un et l'autre âgés de 80 ans [2]. Le 30 nivôse, une députation de jeunes Savoyards était venue à la Convention demander la mise en liberté de l'abbé de Fénelon, dans les termes les plus touchants (*Monit.* du 1er pluviôse) ; renvoyée au comité de sûreté générale, cette pétition n'eut aucun effet ;

Le 22 messidor, N.-J. *Pernet*, maréchal de camp, âgé de 80 ans [3] ;

Le 25 messidor, Mathurin *Lambert*, âgé de 80 ans [4] ;

Le 1er thermidor, *Magon de la Balue*, âgé de 81 ans, et *Magon de la Belinaye*, son frère, âgé de 80 ans [5]. Le début de l'acte d'accusation de Fouquier, contre ces deux vieillards et leurs complices, mérite d'être rapporté :

« Magon de la Balue est *le plus cruel ennemi* du peuple français ; c'est lui qui, depuis 1789, *a déclaré la guerre* à la Révolution et a fourni aux scélérats coalisés contre la patrie, les armes les plus redoutables (du numéraire), pour suivre leurs projets parricides » [6], etc.

Le 6 thermidor, P. *Longrois*, âgé de 83 ans, garde meuble [7] ;

Le 8 thermidor, *Frécault de Lanty*, doyen du grand Conseil, âgé de 81 ans ; Pierre *Broquet*, prêtre, âgé de 80 ans [7].

---

[1] à [5] *Moniteur* du 26 prairial, 22, 24, 27 messidor, 4, 7 thermidor an II.

[6] Procès de Magon la Balue et seize autres ; Archives impériales, section judiciaire.

[7] *Moniteur* des 19 et 30 thermidor an II.

Dans les départements, Fouquier eut des imitateurs; ainsi le Tribunal révolutionnaire de *Cambrai* condamnait à mort :

Le 22 floréal an II, Marie Dhenneville, *v*ᵉ *Monaldy*, âgée de 88 ans [1]; elle était sourde et paralytique; elle fut portée devant le Tribunal et, de là, sur l'échafaud; son crime était d'avoir reçu, en secret, une lettre de son fils qui servait dans l'armée de Condé [2];

Le 8 prairial, Marie Douay, *vicomtesse de Bérulle*, âgée de 92 ans [3];

Le 16 prairial, Anne Parisot, *femme Carondelet*, âgée de 92 ans [4].

La Commission militaire de *Bordeaux* condamnait :

Le 1ᵉʳ thermidor an II, Joseph *Duval* père, âgé de 80 ans [5];

Le 3 thermidor, *Baret-Ferrand*, âgé de 80 ans [6].

La Commission révolutionnaire de *Lyon* condamnait :

Le 5 pluviôse an II, Joseph *Poujol*, âgé de 80 ans [7].

Le Tribunal révolutionnaire de *Brest* condamnait :

Le 13 messidor an II, la veuve *Le Blanc*, âgée de 80 ans [8].

Si Fouquier et ses émules avaient daigné attendre un peu, avant de mettre en jugement de tels conspirateurs, le temps serait venu, très-probablement, leur épargner plus d'une poursuite.

[1, 3] Prudhomme, *Dictionnaire des victimes*, etc., t. 2, p. 491.

[2] Lettre de M. d'Houdain, procureur impérial à Cambrai, du 27 janvier 1861.

[4 à 7] Prudhomme, même *Dictionnaire*, t. 2, p. 237; t. 1ᵉʳ, p. 345, 346; t. 2, p. 289.

[8] A. Du Châtellier, *Brest*, etc., *sous la Terreur*, 1858, in-8°, p. 131.

81. *Tri des jurés.* — Certains acquittements excitaient la colère de Fouquier [1]. Un jour, sur quatorze accusés en jugement, six ou sept furent acquittés. « F.... dit-il à l'huissier, qui lui apprenait ce résultat, quels sont ces b.... de jurés, donnez-moi leurs noms [2] ! »

Une autre fois, ayant demandé au greffier la liste des jurés, il prit son crayon et à côté de plusieurs noms, et en marge, il faisait un F, en disant : *Faible.* Le greffier remarqua que des jurés ainsi notés avaient siégé la veille ; Fouquier lui répondit : « C'est un petit raisonneur ; nous ne voulons pas des gens qui raisonnent ; nous voulons que cela marche » [3] !

Cadavre de Valazé, V. plus haut, n° 50.
Amalgames (affaires dites), V. n° 107.
Acte d'accusation *des* 155, V. n° 108.

82. *Proposition de saigner les condamnés.* — Enfin, l'imputation adressée à Fouquier, la plus grave, au moins dans l'expression, c'était *d'avoir proposé de saigner les condamnés pour affaiblir le courage qui les accompagnait jusqu'à la mort !* Ce fait ne figure pas dans le compte rendu de Donzelot, mais il n'en est pas moins prouvé à mes yeux et voici mes raisons : — Les questions résolues affirmativement par le jury embrassaient vingt-neuf faits distincts, y compris celui-là [4] ; sur ce nombre, *vingt-sept* se retrouvent

---

[1] M. Louis Blanc, *Histoire,* etc.
[2] Procès, déposition de Paris et de Boucher, n°s XXV, p. 2 ; XXIX, p. 3.
[3] Déposition de Paris, n° XXVj, p. 2.
[4] Jugement rendu contre Fouquier, in-4°, p. 1 à 5. Bibliothèque du Louvre.

dans le compte rendu, lequel s'arrête à l'audience du 2 floréal ; il est permis de supposer que la proposition de la *saignée* fut établie dans les neuf audiences suivantes, omises par Donzelot. On ne comprend pas, en effet, comment le jury aurait, sans preuve, déclaré constant ce fait si étrange, alors qu'il ne constatait les vingt-sept autres que sur d'évidentes démonstrations !

83. « Et, toutefois, dit M. Louis Blanc [1], cet implacable ministre de la Terreur ne fut pas sans ouvrir quelquefois son cœur à la pitié, tant la nature de l'homme est complexe ! Il accueillit avec humanité des pères de famille qui venaient réclamer leurs enfants [2] ; il soulagea de malheureux détenus [3] ; il refusa de traduire devant le Tribunal le général Harville, décrété d'accusation par la Convention » [4]. D'abord, ces faits, qui sont vrais, remontent aux premiers temps de la justice révolutionnaire, et puis, ils nous rappellent que les égorgeurs de septembre, au milieu des massacres, reconduisirent, avec joie, plus d'une victime absoute par Maillard. Cet incompréhensible trait ne les a pas préservés, que je sache, du titre d'égorgeurs !

Personnel. — Les juges et les jurés.

84. *Les présidents.* — A côté de Fouquier, les autres membres du Tribunal ne présentent pas beau-

---

[1] *Histoire*, etc., t. 10, p. 19.
[2] Procès, déposition de Duchâteau, n° xxij, p. 2.
[3] Déposition de la femme Morisan, n° xxx, p. 4.
[4] Déposition de Réal, n° xv, p. 3.

coup de relief, tout en ayant activement concouru à l'œuvre révolutionnaire.

Dumas, le président [1], était toujours armé de deux pistolets, et, quand il siégeait, il les posait sur la table [2]. Il brusquait les débats ; il était féroce, dit Fouquier ; son système était, lorsqu'un accusé avait parlé, de ne plus lui accorder la parole [3].

Un jour, il reprocha à Chauveau-Lagarde et à ses confrères leurs efforts pour sauver des malheureux, leur disant froidement que leurs défenses, les formes du Tribunal et le Tribunal lui-même étaient indignes de la nation ; et que ce n'était ni au palais ni avec des jugements, mais dans la *plaine des Sablons et avec de la mitraille* que le peuple *aurait dû se faire justice à lui-même* [4].

Coffinhal [5], un des vice-présidents, ne donnait pas non plus aux accusés le temps de se défendre. Après une première réponse, négative ou affirmative, il passait à un autre [6].

85. *Les jurés solides.* — « Les membres les plus farouches du Tribunal révolutionnaire, dit M. Louis Blanc, après l'accusateur public, étaient Trinchard, Leroy, surnommé *Dix-Août*, Brochet, Chrestien, Renaudin, Gérard, Prieur, Vilatte. C'étaient là les jurés *solides*, ceux dont on se servait pour ces condamna-

---

[1] Mis hors la loi le 9 thermidor an II.
[2] Procès, déposition de Maire, n° IV, p. 3.
[3] *Idem*, n° IV, p. 4.
[4] M. Chauveau-Lagarde, *Note sur le procès de Madame Élisabeth*, etc., 1816, in-8°, p. 36.
[5] Mis hors la loi le 9 thermidor an II.
[6] Procès, déposition de Brunet, déclaration de Fouquier, n° X, p. 3.

5.

tions collectives que, dans son affreux langage, Fouquier-Tinville appelait des *feux de file* » [1].

Leroy était un marquis, le marquis de Montflabert. Il avait l'oreille un peu dure; il en convenait, et il aimait à siéger [2].

Brochet était l'auteur de la prière : O cœur de Jésus! ô cœur de Marat! O sacré cœur de Jésus! ô sacré cœur de Marat [3]!

Chrestien, le jour où la Reine fut mise en jugement, déclara qu'il était convaincu d'avance [4].

Renaudin se considérait comme l'instrument de la loi. Enfermé à la Conciergerie, après le 9 thermidor, il dit : « Comment peut-on me savoir mauvais gré d'avoir été juré? Je n'étais que la hache dont on se servait ; je crois qu'on ne peut faire le procès à une *hache* » [5].

Prieur, lorsque le président faisait décliner aux accusés leurs noms et qualités, substituait aux titres le nom d'une liqueur, et disait : *Anisette de Bordeaux, liqueur de madame Anfoux*, au lieu de marquis, de comte, etc. [6]. Il passait le temps des débats à dessiner les caricatures des accusés sur le papier qu'on lui donnait pour recueillir des notes [7]. Cette

---

[1], [2] M. Louis Blanc, *Histoire*, etc., t. 10, p. 20 et 21 ; Procès, déposition de Sézille, n° xxxviij, p. 2.

[3] *Histoire*, etc., t. 9, p. 106 ; t. 10, p. 21.

[4] Procès, déposition de Ducret, n° xxvij, p. 3.

[5] *Histoire*, t. 10, p. 31 ; Procès, déposition de Carantan, n° xlij, p. 2.

[6], [7] *Histoire*, etc., *ibidem;* Procès, dépositions de Tavernier, n° xxix, p. 3; de Wolff, n° xxiv, p. 1; réponse de Prieur, n° xxix, p. 4.

occupation était aussi celle de plusieurs autres jurés ¹.

Vilatte était tellement acharné contre les accusés que, lorsque les débats lui paraissaient durer trop longtemps, il témoignait son impatience et sa prévention par des gestes, des postures indécentes, même par des propos atroces. Il dit, un jour, à Dumas, qui présidait : « Les accusés sont doublement convaincus, car, en ce moment, ils conspirent contre mon ventre ; il est l'heure de dîner » ². Il se promenait dans la salle des témoins ou dans les couloirs pendant que ses collègues délibéraient ; il se déclarait toujours convaincu ³.

86. *Jurés humains éliminés.* — M. Louis Blanc ⁴ fait observer que « parmi les jurés du Tribunal révolutionnaire, il y en eut en qui le culte de l'humanité s'associa toujours au sentiment de la justice. » Il est bien vrai que, dans le procès de Fouquier, plusieurs témoins furent, sous ce rapport, favorables aux jurés Naulin, Sellier, Maire, Harny, Châtelet ⁵ ; mais il faut prendre garde que ces jurés « humains et justes » avaient été, je l'ai dit (n° 74), éliminés par la loi du

---

¹ Procès, dépositions de Wolff, n° xxiv, p. 1 ; de Tavernier, n° xxix, p. 4.

² *Histoire*, etc., t. 10, p. 22 ; Procès, dépositions de Ducret et de Masson, nᵒˢ xxvij, p. 3 ; xl, p. 2.

³ *Histoire*, etc., *ibidem* ; Procès, dépositions de Girard et de Desgaigniers, nᵒˢ xl, p. 1 ; xlij, p. 2.

⁴ *Histoire*, etc., t. 10, p. 23.

⁵ *Procès de Fouquier*, dépositions de Réal, **Wolff,** Tavernier, nᵒˢ xv, p. 3 ; xxiij, p. 4 ; xxviij, p. 3.

22 prairial, et qu'ils ne purent siéger lors des nombreuses *fournées* qui suivirent cette loi.

Voilà ce que j'ai trouvé de plus démontré sur le personnel du Tribunal du 22 prairial; il me reste à exposer comment s'y instruisaient les affaires.

Instruction, soi-disant, *à l'audience*.

87. *Durée des débats par tête*. — Un fait qui, à mes yeux, domine tous les autres, au Tribunal du 22 prairial, c'est la rapidité des jugements; rapidité effrayante! Aujourd'hui, à l'égard d'un assassin, d'un empoisonneur, *qui avoue* son crime, si l'arrêt de la Cour d'assises est prononcé, après six à huit heures de débats, c'est qu'aucun incident sérieux ne s'est produit; le moindre obstacle peut nécessiter une audience de plus. Au Tribunal du 22 prairial, il y eut plusieurs séries de 50, de 60 accusés, jugées dans l'espace de *cinq*, de *quatre*, de *trois minutes et demie*, par tête; je dis par tête, car il n'y avait presque pas d'acquittements.

Ce fut là un des principaux griefs de l'accusation contre Fouquier et ses complices, reconnus constants par le jury. En effet, la cinquième question, posée aux jurés et résolue par eux affirmativement porte :

« Qu'au Tribunal révolutionnaire de Paris, on avait jugé, dans *deux*, *trois* ou *quatre* heures au plus, *trente*, *quarante*, *cinquante* et jusqu'à *soixante* individus à la fois »[1]. Voici, maintenant, ce que nous apprennent

---

[1] *Jugement rendu*, etc. (contre Fouquier, etc.), an III, in-4°, p. 2. Bibliothèque du Louvre.

à cet égard les débats du procès et des documents authentiques.

88. « Lorsque (le 29 prairial an II), dit le témoin Wolff, on mit en jugement les 69, pour le prétendu assassinat de Collot d'Herbois et de Robespierre, il était près de onze heures avant qu'ils fussent placés. On procéda à l'appel nominal et, ensuite, on leur fit une seule question : « Avez-vous eu connaissance de la conspiration ; y avez-vous participé ?... Après ces 69 questions et autant de réponses, ils furent tous condamnés, c'est-à-dire assassinés en moins de quatre heures et envoyés à la mort en chemises rouges [1]. » Cela ne faisait pas tout à fait TROIS MINUTES ET DEMIE par tête.

« Le 19 messidor, dit le témoin Jobert, les 62 accusés de la première *fournée* des 155 (voy. plus bas), montèrent sur les gradins à dix heures ; à trois heures tout était fini [2]. » Cela ne faisait pas CINQ MINUTES par tête.

« Le 22 messidor, dit le général Baraguey-d'Hilliers, je passai avec le dernier *lot* (des 155) ; nous montâmes sur les gradins, au nombre de 51 accusés ; à trois heures, le jugement fut rendu [3]. » Dans une se-

---

[1] *Procès de Fouquier*, déposition de Wolff, n° xxiij, p. 3. —Je crois que, dans la déposition de Wolff, il y a une erreur concernant l'affaire jugée. Les prétendus assassins de Robespierre, jugés le 29 prairial, n'étaient au nombre que de 53 ; Wolff a probablement voulu désigner l'affaire Lautour, du 19 messidor, dans laquelle il y eut 60 condamnations capitales, en quatre heures ; cela faisait *quatre minutes* par tête.

[2] Déposition de Jobert, n° xiij, p. 3.

[3] *Idem*, n°s vij, p. 2 ; xxxvij, p 2.

conde déposition, le même témoin accusa les juges et les jurés de cette affaire d'avoir été des assassins publics puisqu'ils avaient jugé ces accusés en trois heures de temps[1]. » Cela faisait un peu moins de QUATRE MINUTES par tête [2].

89. Il faut constater ici que ces expéditions, qui nous navrent, étaient alors parfaitement dans les idées des Montagnards.

Quelques mois avant la loi de prairial, un député avait émis une opinion qui, tout à la fois, pressentait et dépassait Fouquier. Beaudot, représentant en mission à Bordeaux, demandait le renvoi en cette ville de 8 membres de la commission populaire, alors détenus à Paris ; et en pleine Convention, le 12 brumaire an II, il disait : « J'insiste pour que la Convention

---

[1] Procès, déposition de Jobert, n° xxxvij, p. 2.

[2] Cette justice sommaire m'a remis en mémoire une opinion que mon père énonça un jour devant moi, il y a bien des années, sans en expliquer alors la terrible exactitude.

***, Grenoblois, juré au Tribunal révolutionnaire, avant et après le 22 prairial, ayant, plus tard, fait fortune, avait marié sa fille au fils d'un personnage de l'Empire. Près des Tuileries, il avait un hôtel, où il tenait cour plénière. Lorsque mon père eut été, par l'illustre Cuvier, appelé, de l'École de droit de Grenoble à celle de Paris, *** l'invita à ses soirées et à ses dîners. Mon père n'y parut pas. Alors un familier de *** vint insister, à ce sujet, et finit par s'attirer cette réponse du savant formaliste : « Personnellement, je n'ai point à me plaindre de M. ***, mais tenez pour certain, que je ne prendrai place à la table ni au foyer d'un homme qui, sans preuve et tant de fois, a voté la mort d'un accusé au bout de *cinq minutes !* »

renvoie à Bordeaux les *huit* membres de la commission populaire. Il ne faut que *huit minutes* pour les juger [1].

Le 29 frimaire suivant, le représentant Garnier écrivait d'Alençon à l'Assemblée : « On nous amène ici (après la victoire du Mans sur les Vendéens), des prisonniers par trentaine ; dans trois heures on les juge, la quatrième on les fusille, dans la crainte que ces *pestiférés*, trop accumulés dans cette ville, n'y laissent le germe de leur maladie épidémique » [2].

Enfin, on verra, plus bas, que la commission révolutionnaire de Lyon expédiait les accusés à raison de *sept* au quart d'heure : DEUX MINUTES huit secondes par tête ; que, le 15 frimaire, elle ne dut mettre qu'UNE MINUTE ET DEMIE, se rapprochant, de la sorte, du sentiment de Beaudot.

90. Cependant que répondirent les accusés jurés du 22 prairial et Fouquier lui-même à ces accusations ? *Dix-Août* ne contesta rien ; il essaya seulement d'expliquer par les événements la marche du Tribunal ; Fouquier porta à *cinq* heures, au lieu de *trois* ou de *quatre*, le temps employé à juger la *fournée* du 29 prairial; je transcris leurs réponses d'après le compte rendu de Donzelot.

Dix-Août (Leroy), à l'ouverture de l'audience (11 germinal an III), « s'est plaint de ce que, dans la dernière séance, des témoins ont dit que les 19, 21, 22 messidor (an II) les jugements avaient été rendus dans l'espace de *trois* heures. Il a rappelé les circonstances; il a dit que cela venait du mouvement révolutionnaire

---

[1] *Moniteur* du 13 brum. an II, p. 176.
[2] *Idem* du 3 niv. an II, p. 375.

qui était actif ; il a cité la loi qui met les aristocrates hors de la loi ; celle qui met la Terreur à l'ordre du jour ; celle du 22 prairial qui portait des dispositions plus terribles encore ; il a ajouté que telle était la réponse que ses coaccusés et lui donnaient aux inculpations qui leur avaient été faites à cet égard » [1].

Fouquier dit à son tour : « Les 69 (assassinat prétendu de Collot, etc.; séance du 29 prairial an II), ne furent pas en jugement *trois* heures comme le prétend le témoin (Wolff, voy. n° 88), mais au moins cinq heures : car il était près de quatre heures lorsqu'ils furent jugés ; d'ailleurs, c'était Liendon (un des substituts de Fouquier) qui était à l'audience [2].

69 accusés jugés en *cinq* heures, d'après Fouquier, c'était environ QUATRE MINUTES 40 SECONDES par tête. »

91. « On frémit, dit M. Louis Blanc [3], quand on songe à la manière dont on disposait de la vie des hommes. Un commis greffier (Legris) du Tribunal révolutionnaire est dénoncé. On l'arrête dans son lit à cinq heures du matin ; à sept heures il est conduit à la Conciergerie ; à neuf heures il reçoit notification de l'acte d'accusation ; à dix, il monte sur les gradins ; à deux heures de l'après-midi (le 1ᵉʳ thermidor), il est condamné ; à quatre heures du soir il était mort [4] ! »

Prud'homme cite un exemple de diligence encore plus remarquable : « Le 15 floréal, Ch.-Jér. Martin, notaire, était appelé comme témoin. A midi, le Tri-

[1] *Procès*, n° v, p. 2.
[2] *Procès*, n° xxiv, p. 4.
[3] *Histoire*, etc., t. 11, p. 121.
[4] *Procès de Fouquier*, déposition de Tavernier, n° xxviij, p. 2.

bunal recueillait sa déclaration; une heure après il était sur la charrette avec les autres condamnés [1].

92. « Une chose, du moins, est certaine, dit encore M. Louis Blanc, dans son chapitre intitulé : *la Terreur à son apogée* [2], c'est que la plupart des malheureux qui furent frappés, ne le furent que parce que réellement on les *crut* coupables. »

Mais cette *croyance* fatale, formée en de si courts instants, après une seule réponse des accusés, qu'est-ce donc que cela pouvait être, je le demande, sinon une opinion de parti pris?

Du reste, ces précipitations n'ont rien qui surprenne, tant les formalités étaient devenues illusoires au Tribunal; Samson et ses aides y mettaient plus de façon; pour opérer, ils attendaient un réquisitoire, une décision, ce que ne faisait pas toujours Fouquier Tinville.

93. D'abord les accusés, avant de paraître à l'audience, ne connaissaient que très-imparfaitement, lorsqu'ils ne les ignoraient pas, les faits qui leur étaient reprochés.

« Après la loi du 22 prairial, dit Fouquier, on ne fit plus d'interrogatoire (préliminaire); on envoyait seulement dans les prisons des huissiers ou des individus qui étaient chargés de prendre les noms des détenus et de les amener au Tribunal [3]. »

94. Quant à l'acte d'accusation il était ordinaire-

---

[1] *Dictionnaire*, etc., t. 2, p. 146.
[2] *Histoire*, etc., t. 11, p. 144.
[3] Procès, nos xxj, p. 3; xxij, p. 3.

ment signifié, aux accusés, la veille, quelquefois le matin de l'audience, lorsque l'on était pressé [1]. Les 60 accusés de la première *fournée* des 155 (voy. plus bas) ne reçurent leur acte d'accusation que le matin, à neuf heures; et à dix, ils montaient sur les gradins [2]. Et, comment aurait-il pu en être autrement? souvent les secrétaires du parquet de Fouquier ne connaissaient pas, à neuf heures du soir, les noms des accusés qui devaient être mis en jugement le lendemain; on datait les actes d'accusation de la veille, lorsqu'ils ne pouvaient être signifiés que le matin [3]. Enfin, des accusés n'avaient reçu copie d'aucun acte d'accusation [4].

Mais cet acte ne fournissait guère de lumières aux accusés, tant l'exposé des faits était concis, vague, obscur. On verra plus bas (n° 108) que l'exposé des faits du fameux acte d'accusation des 155, ou de l'affaire *Lautour*, n'avait que *deux* pages, quand la seule liste des noms en occupait dix-sept. En général, c'était de « conspirations contre l'unité et l'indivisibilité de la République » que les malheureux étaient accusés; comment, où, quand avaient-ils conspiré? Fouquier ne prenait pas la peine de l'indiquer.

95. Les accusés introduits à l'audience et placés sur les gradins, le président leur demandait leurs noms, âge, qualité; puis, (Dumas ou Coffinhal) leur

---

[1] Procès, dépositions de Leclerc, n° xviij, p. 3; de Boucher, n° xxix, p. 3.

[2] Déposition de Jobert, n° xiij, p. 3; de Duchâteau, n° xxij, p. 2.

[3] Déposition de Duchâteau, n° xxij, p. 3.

[4] Déposition de Wolff, n° xxij, p. 3.

adressait à chacun une *seule question* sur l'objet du procès[1].

Quant aux témoins, habituellement on n'en entendait pas ; la loi du 22 prairial avait substitué les preuves *morales* aux témoignages (voy. n° 74).

Dès lors, à l'appui d'une accusation, on ne s'inquiétait plus de produire les pièces et les témoins essentiels ; on ne prenait pas le temps indispensable pour recueillir ces éléments d'instruction, favorables ou non aux accusés.

96. Ainsi la marquise *de Feuquières* avait été accusée d'avoir calomnié les officiers municipaux de Chatou (Seine-et-Oise), dans une lettre adressée, en 1791, à la municipalité de cette commune. D'après cette lettre, de l'argent avait été distribué à des ouvriers et puis le *mai* planté à la porte du maire avait été abattu. Lorsque l'affaire vint au Tribunal elle fut remise pour que l'on pût se procurer cette lettre et faire entendre les témoins. La veille de la deuxième audience, à neuf heures du soir, un huissier du Tribunal reçut de Fouquier l'ordre de se transporter à Chatou. Il y envoya un de ses commis qui devait faire extraire des scellés la lettre de la marquise et assigner trois témoins. Ce commis ne put obtenir qu'à trois heures, le lendemain, une copie de la lettre ; quant aux témoins ils étaient absents ; il revint à Paris. Lorsqu'il arriva, à sept heures, place de la Révolution, on démontait l'instrument du supplice, et il apprit que madame de Feuquières avait été exécutée. Sans attendre le retour de l'huissier, Fouquier

---

[1] Procès, déposition de Brunet, marchand de vin, n° x, p. 3.

avait fait mettre en jugement cette infortunée. Le lendemain matin, il reçut une copie de la lettre demandée [1]. A cette accusation (21ᵉ fait des questions admises par le jury) Fouquier se contenta de répondre que l'accusée avait avoué, aux débats, et que la conviction du jury s'était formée ; que, d'ailleurs, on devait se reporter aux époques des lois révolutionnaires [2].

97. Après les débats l'accusateur public ne prenait pas la parole ; aucun défenseur n'était entendu ; la loi du 22 prairial, on l'a vu (n° 74) n'en accordait pas aux conspirateurs.

Que restait-il donc aux accusés pour se défendre ? Des pièces, des certificats qu'on leur permettait de faire remettre aux jurés, mais qui *n'étaient pas lus* à cause de la brièveté de la délibération [3]. Les accusés de la troisième *fournée* du Luxembourg, jugés le 22 messidor, avaient tant de pièces qu'il eût fallu au moins trois heures pour les lire, et la déclaration du jury fut rendue au bout de 20 minutes [4]. Quelquefois, lorsqu'un huissier remettait sur le bureau du jury les pièces des accusés, des jurés lui disaient : « C'est tout vu [5] ! »

Alors que devait être la délibération du jury ? Une question de forme ; on statuait sur le sort de 40, 50, 60 individus, dans l'espace d'une demi-heure et il

---

[1,2] Procès, dépositions de Tripier et de Château ; pièces diverses ; réponses de Fouquier, n° xxx, p. 1 et 2.

[3] Déposition de Ducret, n° 27, p. 3.

[4] Déposition de Martin, n° viij, p. 2 ; de Wolff, n° xxv, p. 1.

[5] Déposition de Leclerc, n° xxviij, p. 3.

aurait fallu ce temps pour lire les noms et qualités des accusés [1]. Mais le libellé des réponses du jury annonce plus de promptitude encore.

98. *Réponses collectives du jury.* — Souvent, dans les derniers temps, le jury ne faisait qu'une réponse collective pour tous les accusés quel que fût leur nombre. Ainsi, il n'y eut qu'une réponse unique :

Dans l'affaire de *Blain* et 29 autres parlementaires de Toulouse [2], condamnés à mort, le 30 prairial an II ;

Dans l'affaire de *Lautour* et de 59 autres [3] ; la première fournée des 155 (voy. n° 108) ; tous condamnés le 19 messidor ;

Dans l'affaire d'*Ornano* et 47 autres [4] ; la deuxième fournée des mêmes ; tous condamnés le 21 messidor ;

Dans l'affaire *Roubeau* et 33 autres [5], jugée le 29 messidor.

Comment, sur 30, sur 40, sur 60 accusés, de sexe, d'âge, d'état, de position, de caractères différents, il n'y avait pas une distinction à faire, pas une seule ; tous *devaient* être coupables, et, pour tant de têtes, une question unique suffisait !

99. Cet ensemble de faits explique ce propos du juré Naulin au président Dumas qui ôtait la parole aux accusés : « On ne peut y tenir ; ce n'est pas ainsi qu'on doit agir ; ce n'est point ici un tribunal, c'est UNE BOUCHERIE ! » Quelques jours après ce propos Naulin fut arrêté [6].

---

[1] Procès, déposition de Wolff, n° xxv, p. 1.

[2] à [5] Archives de l'Empire, section judiciaire; feuilles des questions au jury qui sont dans ces dossiers.

[6] *Procès de Fouquier*, dépositions de Tavernier et de Boucher, n°s xxxviij et xxix, p. 2.

100. *Jugements préparés d'avance.* — Pour suffire à une telle expédition des affaires, Fouquier, comme le dit M. Louis Blanc (Voy. n° 76), faisait préparer d'avance les jugements. L'affaire Blain, dont j'ai déjà parlé (n° 98), en fournit la preuve. Dans l'acte d'accusation, le vingt-septième accusé, *Faguier de Mardeuil* est rayé, probablement parce qu'il n'avait pas été amené à l'audience. Or, dans le jugement, ce vingt-septième nom, Faguier de Mardeuil a été également rayé ; le jugement était donc préparé avant la lecture de l'acte d'accusation, à l'ouverture des débats. Les affaires Roucher et André Chénier et Loizerolles, dont je parle plus bas (n°s 109, 118), achèvent la démonstration.

Souvent, aussi, les jugements étaient signés en blanc par les juges, et remplis ensuite par le greffier, lorsque le temps le permettait ; mais l'exécution n'en était pas retardée. On verra plus bas (n° 110), à l'affaire Ornano, que 48 accusés, objet d'un jugement dont les *motifs* et le *dispositif* sont restés en BLANC, furent exécutés immédiatement par l'ordre de Fouquier. Un des principaux témoins au procès de ce dernier, Wolff, greffier du Tribunal, fit connaître alors que l'état de ce jugement et de quelques autres venait de ce qu'un de ses collègues, Legris, qui devait remplir les blancs, fut arrêté, une nuit, à deux heures, et exécuté le même jour dans l'après-midi [1].

Parlerai-je des procès-verbaux des séances où sont omis, tantôt (affaires Blain, Ornano, Lautour) les noms des jurés, tantôt (affaire Ornano) ceux des accusés eux-mêmes ; certains de ces actes, simples projets, dépourvus de signatures (affaire Blain) ;

---

[1] Procès, déposition de Wolff, n° xxij, p. 4.

après ce que je viens de dire des jugements on trouverait que c'est un détail oiseux.

101. Les *charrettes* qui devaient transporter les condamnés à l'échafaud étaient commandées, d'avance, en nombre suffisant; les places des victimes étaient comptées; ces charrettes arrivaient à la porte de la Conciergerie vers dix heures du matin, midi au plus tard [1]. Plusieurs fois, l'audience, de la salle de l'*Égalité* (n° 20), ayant été terminée par la condamnation de cinq ou six accusés seulement, Fouquier fit ajouter au bas de l'ordre pour l'exécuteur, que lui présentait à signer le greffier : « L'exécuteur fera amener six ou sept charrettes », ce qui annonçait l'espoir que les accusés, alors en jugement dans la salle de la *Liberté*, au nombre de trente, plus ou moins, seraient également condamnés [2].

102. *Femmes enceintes exécutées.*—Aussi, dans les derniers temps, Fouquier ne faisait pas surseoir à l'exécution des femmes qui se déclaraient enceintes; sous le prétexte qu'elles n'avaient pu communiquer avec des hommes, il était passé outre, le jour même de la déclaration de grossesse, et quoique les médecins eussent exprimé des doutes sur l'état de ces condamnées [3] !

103. *Secours aux accusés acquittés.*— D'un autre

---

[1] Procès, dépositions de Thierriet, Wolff, Simonet, Dobsen, n°s xix, p. 3 ; xxij, p. 4 ; xxix, p. 3 ; xlj, p. 3.

[2] Déposition de Neirot, n° xxviij, p. 4.

[3] Dépositions de Wolff et de Ducret, n°s xxiij et xxvij, p. 3.

côté, et par un contraste étrange, des secours furent accordés, par la Convention, même durant les plus mauvais jours, à des accusés sans ressource, acquittés par le Tribunal, et qui avaient un long voyage à faire pour regagner leur domicile. C'est ce qui eut lieu, notamment le 3 thermidor an II, à l'égard de *Ferminet*, de Périgueux (Dordogne); de *Gautron*, de Beau-sur-Cher (Indre-et-Loire); de *Combes*, de Besançon (Doubs); de la femme *Garnier*, de Chalamont, (Ain); de *Pierry*, de Bourgoin (Isère), à qui furent votées des indemnités de 200 à 350 fr. [1].

104. *Les Fournées.* — J'ai cité (n° 57) quelques affaires, dites *fournées*, jugées par le Tribunal du 10 mars; au Tribunal du 22 prairial, ce fut bien autre chose. Voici seulement celles de ces *fournées* qui comprenaient plus de vingt accusés :

26 prairial an II. *Première* affaire du *Parlement* de Toulouse: 30 accusés; tous condamnés à mort [2].

28 prairial. *Première* conspiration de la prison de *Bicêtre*: 37 accusés; tous condamnés de même [3].

29 prairial. Conspiration dite du baron *de Batz* : 54 accusés; tous condamnés [4].

2 messidor. Affaire de *Port-Malo* : 30 accusés; 29 condamnés [5].

7 messidor. Affaire de *Chalans* (Vendée): 37 accusés (dont 21 femmes); 35 condamnés [6].

8 messidor. *Deuxième* conspiration de *Bicêtre*: 38 accusés; 36 condamnés [7].

9 messidor. *Amalgame*, duc de *Mouchy*, *Linguet*, etc.: 22 accusés; tous condamnés [8].

---

[1] *Moniteur* du 4 therm. an II, p. 1245.
[2] à [7] *Moniteur* des 4, 5, 6, 12, 13 mess. an II.
[8] *Moniteur* du 14 messidor.

Ire PART.—TRIBUNAL RÉVOLUTIONNAIRE DE PARIS.

14 messidor. Généraux *Daoust* et autres : 22 accusés ; 21 condamnés [1].

18 messidor. *Deuxième* affaire du *Parlement* de Toulouse : 28 accusés ; 24 condamnés [2].

19 messidor. Premier *lot* de la conspiration de la prison du *Luxembourg* : 60 accusés ; tous condamnés [3].

21 messidor. Deuxième *lot* de la même : 50 accusés ; 48 condamnés (plus un jeune homme de 14 ans, à 20 ans de détention) ; c'est l'affaire (n° 110) des exécutés sans jugement [4].

22 messidor. Troisième *lot* de la même conspiration : 46 accusés ; 38 condamnés [5].

24 messidor. Affaire des *Francs-comtois* : 29 accusés ; 21 condamnés [6].

25 messidor. *Amalgame Faudoas* et autres : 28 accusés ; tous condamnés [7].

27 messidor. *Première* affaire de *Nevers* : 32 accusés ; 22 condamnés [8].

28 messidor. Affaire du *Camp de Jalès* : 27 accusés ; 18 condamnés [9].

29 messidor. *Amalgame Roubaux* et autres (V. plus bas, n° 107) : 34 accusés ; 30 condamnés [10].

3 thermidor. Affaire de *Coutances* : 29 accusés ; 19 condamnés [11].

4 thermidor. Quatrième *lot* de la conspiration du *Luxembourg* : 27 accusés ; 25 condamnés [12].

Même jour. *Deuxième* affaire de *Nevers* : 26 accusés ; 21 condamnés [13].

5 thermidor. Conspiration de la prison des *Carmes* : 49 accusés ; 46 condamnés [14].

6 thermidor. Premier *lot* de la conspiration de *Saint-Lazare* : 25 accusés ; tous condamnés [15].

7 thermidor. Deuxième *lot* de la même prison (A. Chénier et Roucher) : 27 accusés ; 26 condamnés [16].

[1] à [6] *Moniteur* des 17, 22, 24, 25, 27, 29 messidor.
[7] à [11] *Idem* des 4, 5, 9 thermidor.
[12] à [16] *Idem* des 10, 18, 19, 23, 30 thermidor.

8 thermidor. Affaire *Moineau* : 30 accusés ; tous condamnés [1].

Même jour. Troisième *lot* de *Saint-Lazare* : 25 accusés ; 23 condamnés [2].

9 thermidor. Affaire *Aucanne* : 22 accusés ; 21 condamnés [3].

9 Affaire *Lhuillier* : 25 accusés ; 24 condamnés [4].

Incidents divers.

105. A de telles manières de procéder se mêlaient, cela se conçoit, des accusations étranges, des incidents inouïs ; il y en eut à profusion. Je n'en rapporte qu'un petit nombre, ceux que j'ai pu vérifier ; ces faits suffiront, et au delà, pour remplir le cadre que je me suis tracé, et ils achèveront de donner à la période Couthon, du Tribunal révolutionnaire de Paris, la couleur particulière qui la distingue.

On a déjà vu :

Les malades et infirmes (n° 79), les octogénaires et même nonagénaires (n° 80), traduits et condamnés ;

L'affaire de la marquise de Feuquières, n° 96 ;

Les jugements préparés d'avance, n° 100 ;

Voici des détails concernant :

Des exécutions singulières, n° 106 ;

Les affaires dites *Amalgames*, n° 107 ;

L'acte d'accusation et le jugement dits des 155, n° 108 ;

L'affaire Roucher et André Chénier, n° 109 ;

Des accusés exécutés *sans* jugement, n° 110 ;

---

[1] à [4] *Moniteur* du 4 fructidor.

Des individus condamnés *à la place* des véritables accusés, nos 112 à 124.

106. *Accusations singulières.* — Le 19 floréal an II, l'illustre Lavoisier et 27 autres fermiers généraux furent condamnés à mort pour avoir, entre autres griefs, *mis de l'eau dans le tabac* [1]. Naulin, un des jurés humains, qui assistait à la séance, dit à un défenseur qu'il se garderait bien de mouiller son tabac puisqu'on en faisait un crime [2].

Le 17 pluviôse an II, Jean-Joseph Payen, cultivateur, homme d'affaires de madame de Marbeuf, était condamné à mort comme *conspirateur*, « ayant fait mettre en *luzerne, sainfoin* et *trèfle* près de 300 arpents de terre qui, auparavant, produisaient du blé, et ayant laissé en *friche* plusieurs pièces de terre qui devaient être en valeur » [3].

Le 28 prairial et le 8 messidor, 73 individus, impliqués dans la conspiration, dite *de Bicêtre*, étaient condamnés à mort : « Tous convaincus de s'être rendus les ennemis du peuple en formant, proposant ou s'associant à un complot dont le but était de s'emparer des citoyens composant la force armée de Bicêtre, de forcer les portes de cette maison, où ils étaient détenus, pour aller égorger les représentants du peuple, membres du comité de salut public et de sûreté générale, de la Convention nationale ; de *leur arracher le cœur, le griller, le manger ;* et de faire enfer-

---

[1] *Moniteur* du 21 floréal, p. 940.
[2] *Procès de Fouquier*, déposition de Ducret, n° xxvij, p. 3.
[3] Prudhomme, *Dictionnaire*, etc., t. 2, p. 243.

mer les plus marquants *dans un tonneau garni de pointes.»* [1].

107. *Les Amalgames.* — Fouquier et ses complices furent déclarés coupables par le jury, répondant à la quatrième question :

« D'avoir *amalgamé* dans le même acte d'accusation, mis en jugement, fait traduire à l'audience et au supplice, plusieurs personnes de tout âge, de tout sexe, de tout pays, et absolument inconnues les unes aux autres » [2].

Ces faits avaient été avoués par Fouquier : seulement, disait-il, c'était sur les ordres du comité de salut public qu'il avait traduit par *amalgame* plusieurs accusés pour des crimes qui leur étaient étrangers [3].

Prudhomme a formé le quatrième des tableaux qui sont à la fin du tome II de son *Dictionnaire*, de douze affaires, dont, suivant lui, les accusés avaient été *amalgamés* dans la même poursuite ; sept de ces procès furent jugés du 29 prairial au 8 thermidor an II, savoir : *Ladmiral* et 53 autres accusés ; d'*Adouville* et 36 autres [4] ; *Noaille-Mouchy* et 21 autres ; *Faudoas* père et 27 autres ; Roubeau et 33 autres ; *Magon-Labalue* et 17 autres ; *Moineau* et 29 autres. Sur ces affaires, j'en ai examiné une seule, prise au hasard,

---

[1] *Moniteur* des 4 et 13 messidor an III, p. 1120 et s.

[2] Jugement, etc., rendu contre Fouquier, an III, in-4°. p. 2. Bibliothèque du Louvre.

[3] *Procès de Fouquier*, n° xxiv, p. 1.

[4] Dans le tableau de Prudhomme, cet *amalgame* est inexactement présenté ; il n'y a que 21 noms au lieu de 37. V. *Moniteur* du 12 messidor.

celle de *Roubeau*[1]. Voici, d'après l'acte d'accusation, transcrit dans le jugement de condamnation, quels étaient les noms, l'état, la demeure des accusés et les crimes qui leur étaient reprochés, dans l'ordre de l'exposé des faits, avec l'orthographe :

1. *Roubeau*, maître de mathématiques, rue de la Verrerie, à Paris ;
   Accusé d'être l'agent caché et l'instrument perfide des machinations et des forfaits de Pitt et de Jorge.
2. *L. Riquet*, femme de Blaisot, cuisinier de l'ex-ambassadeur d'Angleterre, rue des Fontaines, à Paris ;
   Accusée d'avoir été en rapport avec des émigrés d'outre-Rhin.
3. *Calmer*, ancien négociant, président du Comité révolutionnaire à Clichy (Seine) ;
   Accusé d'avoir cherché à couvrir de mépris les autorités constituées, en envoyant un jour demander à la municipalité si son âne n'était pas à la Commune.
4. *Morel*, perruquier à Bar-le-Duc (Meuse) ;
   Accusé d'avoir été un des agents de Brunswick ; d'avoir tenu des propos contre-révolutionnaires et d'avoir laissé tomber une cocarde blanche de Verdun à Bar.
5. *Mulot-Lamenadière*, prêtre, à Compiègne (Oise) ;
6 à 21. Sœur *Trézel* et 15 autres religieuses ou sœurs carmélites ;
   Accusées les religieuses et sœurs d'avoir formé un foyer de Vendée, dont le prêtre Mulot était le chef.
22. *Borels*, cultivateur à Montortier (Rhône) ;
   Accusé d'avoir été un agent des ennemis du peuple.

---

[1] Affaire Roubeau et autres, jugées le 29 messidor an II. Archives de l'Empire, section judiciaire. V. aussi le *Moniteur* du 5 thermidor.

23. *Letellier*, secrétaire du Tribunal populaire à Marseille (Bouches-du-Rhône) ;

Accusé d'être sous tous les rapports un contre-révolutionnaire et un conspirateur forcené.

24. *Keppler*, syndic de l'ex-abbaye d'Andlaw (Bas-Rhin) ;

Accusé de propos contre-révolutionnaires; « la misère, disait-il, va toujours en ogmentant. »

25. *Delamel-Bournet*, sans profession, né et demeurant à Joyeuse (Ardèche) ;

Accusé d'avoir entretenu une correspondance avec l'étranger.

26. *Yung*, cordonnier,
27. *Michelot* père, caissier à l'armée du Rhin,
28. *Monnet*, ex-prêtre, instituteur,
29. *Edelmann* (Frédéric), musicien,
30. *Edelmann* (Louis), fabricant d'instruments,

demeurant à Strasbourg (Bas-Rhin).

Accusés d'avoir été les associés et les principaux chefs de la faction Schneider, à Strasbourg.

31. *Debeaune*, serrurier,
32. *Dupont*, charron, } à Vaugirard (Seine) ;

Accusés de propos alarmants sur les subsistances, tenus dans la société populaire de Vaugirard.

33. *Yvon*, courrier de la malle, rue Basse-du-Rempart, à Paris ;

Accusé de discours provoquant la dissolution des sociétés populaires.

34. *Bergerac*, propriétaire, aux Mandarins–d'Istra (Charente-Inférieure) ;

Accusé de propos tendant à empêcher le recrutement dans la Vendée.

Sur ces 34 accusés, *trois* habitaient Paris, *trois* la banlieue de Paris, 17 le département de l'Oise, 1 celui de la Meuse, 1 celui du Rhône, 1 celui des Bouches-du-Rhône, 6 celui du Bas-Rhin, 1 celui de l'Ardèche, 1 celui de la Charente-Inférieure ; la plupart de ces malheureux durent se trouver bien surpris d'être réunis sur les mêmes gradins, où ils étaient venus de tant d'endroits si éloignés les uns des autres, pour répondre à des reproches si différents. Quatre, seulement, *Michelot, Debeaune, Dupont, Bergerac* furent acquittés ; les 30 autres furent condamnés à mort, le 29 messidor.

168. *Acte d'accusation et jugement des* 155. — *Lautour*, ancien capitaine de hussards, et 154 autres détenus de la prison du Luxembourg, avaient été, par un arrêté du Comité de salut public du 17 messidor an II, renvoyés devant le Tribunal révolutionnaire comme accusés « d'avoir provoqué, par la révolte des prisons, l'assassinat et la dissolution de la représentation nationale, » etc.

L'acte d'accusation que Fouquier dressa, le jour même, contre ces 155 conspirateurs ne dut pas lui coûter un grand travail. L'exposé des faits n'a que deux pages ; le voici littéralement copié sur l'original [1], avec l'orthographe :

Examen fait des pièces remises à l'accusateur public, il en résulte que si les chefs de la conjuration formée contre le gouvernement révolutionnaire sont tombés sous le glaive de la loy, ils ont laissé des complices qui, dépositaires de leurs plans, emploient tous les moiens pour les mettre à exécution. Le Tribunal a connu leurs tentatives, toujours infructueuses et toujours renaissantes dans les maisons d'arrêt de la commune de Paris, et le châtiment mérité déjà infligé à plusieurs coupables n'a pas découragé les conspirateurs, qui s'étaient flattés qu'ils resteraient toujours impunis au milieu des victimes qu'ils sacrifiaient à leurs intrigues et à leurs complots. Ils viennent encore de renouveller ces tentatives

---

[1] Dossier Lautour et autres ; 3ᵉ pièce. Archives impériales, section judiciaire.

dans la maison d'arrêt du Luxembourg, ce foyer de la conspiration des Dillon, des Ronsin, Vincent, Chaumet, Hébert, Momoro et autres.

En effet, on remarque parmi les prévenus les dignes agents de Dillon, des ex-nobles comme luy, et qui ont voulu lui succéder dans le titre de chefs de la conspiration. On y remarque aussy de ces hommes masqués en patriotes, pour en imposer au peuple, et qui, sous les apparences d'un zèle patriotique immodéré, voulaient déchirer l'empire, pour le livrer aux despotes coalisés, et toutes les horreurs d'une guerre civile. Enfin, on y voit les cruels ennemis de la souveraineté et de la liberté des peuples. Ces prêtres, dont les crimes ont inondé le territoire français du plus pur sang des citoyens. Les moyens étaient les mêmes que ceux des conspirateurs deja frappés du glaive de la loy. L'assassinat des concierges et gardiens de la maison d'arrêt, l'assassinat des membres du comité de salut public et de sûreté générale, des patriotes qui se sont voués avec le plus de courage et d'énergie à découvrir les conspirateurs, et à en purger le sol de la liberté ; enfin, la dissolution de la représentation nationale et le rétablissement de la monarchie. Le despotisme, le fanatisme, l'athéisme et le fédéralisme sont réunis pour ces exécrables forfaits ; prêts à se voir écrasés et anéantis par les triomphes de la République, ils redoublent d'efforts, dans le désespoir d'une fureur impuissante, et cherchent, quand les tyrans coalisés, vaincus par le courage des hommes libres, fuient le sol de la liberté, ils croient pouvoir réussir à allumer dans l'intérieur les feux de la guerre civile la plus cruelle ; mais ils ne seront pas plus heureux que leurs chefs.

D'après l'exposé ci-dessus, l'accusateur public a dressé la présente accusation contre (*suivent les noms*).

D'après une note du temps, jointe au dossier[1], les noms des victimes n'avaient dû être inscrits que pos-

---

[1] Dossier Lautour et autres, 2ᵉ pièce.

térieurement à l'exposé des faits ; il est certain que les noms, professions, etc., des accusés qui occupent les dix-sept premières pages de l'acte sont écrits avec une autre encre, et, en partie, d'une autre main. De plus l'exposé, ne contenant *aucun nom*, permettait de placer en tête tous ceux, quels qu'ils fussent, qu'il aurait plu au comité de salut public de traduire devant le Tribunal à l'occasion de cette conspiration.

Dès le lendemain, 18 messidor, pour recevoir cette masse d'accusés, Fouquier fit dresser des gradins qui occupaient une grande partie de la salle, et qui du plancher s'élevaient jusqu'à la corniche [1].

Suivant le témoin Ducret, le président Dumas voulait que toute la fournée fût mise en jugement le même jour ; Fouquier, au contraire, préférait une division en trois bandes [2]. Et, suivant Réal, l'un des défenseurs officieux, Collot-d'Herbois, ayant eu connaissance de cette liste de 155 individus à juger en masse, s'écria : « Que vous restera-t-il donc quand vous aurez démoralisé le supplice? » Et Saint-Just déchira la liste [3].

Quoi qu'il en soit, la division eut lieu, suivant Fouquier, par l'ordre du comité [4], mais l'acte d'accusation ne fut pas refait ; celui des 155 servit dans les trois affaires [5].

On le lut d'abord, le 19 messidor, pour le juge-

---

[1] *Procès de Fouquier*, n° XX, p. 4 ; déposition de Thierriet-Grandpré, n° XXXV, p. 4.
[2] Déposition de Ducret, n° 37, p. 2.
[3] *Idem*, n° XXXIV, p. 2.
[4] *Moniteur* du 23 therm. an II.
[5] Procès, déposition de Ducret, n° 27, p. 2.

ment de la première fournée : *Lautour* et ses 59 co-accusés ;

On le lut une deuxième fois, le 21 messidor, lors du jugement de la deuxième fournée : *Ornano* (Voy. n° 110) et ses 49 coaccusés ;

On le lut enfin, le 22 messidor, pour le jugement de la troisième fournée, *Dorival* et ses 45 coaccusés.

Et il y eut, lors du jugement Lautour, un incident de *rédaction* qui mérite d'être rapporté. Après la condamnation des 60, le 19 messidor, Fouquier, ayant décidé que l'exécution serait immédiate, le commis greffier de service, Ducray, n'ayant pas le temps de *trier*, dans l'acte d'accusation, les 60 noms des condamnés, fit signer aux juges une clôture du jugement contre tous les accusés ; après il rédigea, séparément, le jugement en forme qui s'appliquait à cette première série [1].

Faut-il s'étonner qu'en de telles expéditions, des accusés aient été condamnés et exécutés à la place des accusés véritables (Voy. n°s 113 et suiv.) ?

109. *Affaire Roucher, André Chénier, etc.* — C'est dans cette affaire, entre autres, que l'on trouve la preuve évidente du soin que prenait Fouquier, comme le dit M. Louis Blanc [2], de faire préparer, d'avance, les jugements. L'acte d'accusation Roucher, daté du 6 thermidor, avait été, le soir même, signifié aux accusés. Lorsque les débats s'ouvrirent, le 7 au matin, le jugement de condamnation « était déjà préparé. »

---

[1] Procès, déposition de Ducret, n° xxvij, p. 2.
[2] *Histoire*, etc., t. 10, p. 17.

En effet, dans l'acte d'accusation (p. 4) l'exposé des faits présente, avec détails, André Chénier comme « ayant été adjudant général chef de brigade à l'armée du Nord où il avait pris part aux trahisons de l'infâme Dumouriez. » Ce passage de l'acte est bâtonné. Chénier avait dû réclamer aux débats contre l'inexactitude flagrante de ce récit. Or, le même passage, littéralement transcrit dans le jugement de condamnation, y est également rayé [1]. La conséquence à tirer de ces faits c'est que ce jugement était rédigé avant l'audience; écrit après les débats, le greffier se fût abstenu d'y comprendre un passage qui était bâtonné dans l'acte d'accusation.

Cette affaire fut non pas jugée, mais expédiée avec une extrême rapidité. Deux témoins seulement furent entendus contre les 26 accusés; un seul de ces derniers « nommé *Hauphen*, fut acquitté. Le jury ne fit qu'une seule réponse pour les 25 autres.

D'après une tradition touchante [2], Roucher et André Chénier, en allant au supplice, récitèrent la première scène d'Andromaque. Ils se faisaient ainsi une bien amère application de ces beaux vers :

ORESTE.
Oui, puisque je retrouve un ami si fidèle,
Ma fortune va prendre une face nouvelle,
Et déjà son courroux semble s'être adouci,
Depuis qu'elle a pris soin de *nous rejoindre ici*.

La veille, Roucher, au bas de son portrait, dessiné

---

[1] *Procès de Roucher*. Archives impériales, section judiciaire, n° 481.

[2] Notice par M. Delatouche, en tête des Œuvres d'André Chénier; 1826, in-8°, p. xix.

par un de ses compagnons de captivité, et destiné à sa femme et à sa fille, avait écrit ces vers :

> Ne vous étonnez pas, objets sacrés et doux,
> Si quelque air de tristesse obscurcit mon visage ;
> Quand un savant crayon dessinait cette image,
> On dressait l'échafaud et je pensais à vous [1] !

110. *Accusés exécutés sans jugement ; affaire Ornano*[2]. — Ornano et les autres accusés, jugés le 21 messidor an II, formaient ce qu'on a appelé le 2ᵉ *lot* ou fournée de la conspiration dite du Luxembourg ou des 155 ; ils étaient compris dans l'acte d'accusation dressé contre *Latour* et ses 154 coaccusés.

Parmi les 49 complices d'Ornano figuraient un sieur Jacques *Jobert* qui fut seul acquitté, et Auguste de *Sainte-Marie*, âgé de 14 ans, déclaré coupable mais condamné à 20 ans de détention et 6 heures d'exposition à raison de son âge ; c'est, du moins, ce qui s'induit des faits qui vont suivre, le jugement n'ayant pas été rédigé.

Le *dispositif*, concernant les 48 condamnés à mort N'A JAMAIS EXISTÉ ; sur la feuille, destinée à recevoir le jugement, on trouve :

1° Les noms des 50 accusés ;

2° Deux pages de déclamations vagues formant l'exposé de l'acte d'accusation (n° 108) ;

3° UN BLANC de deux pages et demie ;

4° Enfin, la mention suivante : « Fait et prononcé le 21 messidor l'an II de la République, en audience publique du Tribunal où siégeaient Coffinhal, vice-

---

[1] *Biographie universelle*, t. 39, p. 92.
[2] Archives impériales, section judiciaire.

président, Maire, Garnier-Launay, juges qui ont signé avec le greffier ; suivent les signatures des juges seulement.

Déclaration du jury, *loi* appliquée, *noms* des condamnés, *peine* infligée : RIEN. Ces 48 malheureux n'en furent pas moins exécutés le jour même. Leur condamnation avait-elle été prononcée? Je le crois ; c'est *l'instrument* ou acte devant la constater qui manque.

Dans le procès-verbal de la séance, on ne trouve ni les noms des jurés, ni ceux des accusés ; AUCUN ; pour Coffinhal qui présidait, c'étaient là d'infimes détails.

Voici, maintenant, comment fut découvert ce monument de la justice révolutionnaire.

111. Le jeune Auguste de Sainte-Marie avait été envoyé en détention, à Bicêtre. Après le 9 thermidor il se mit probablement en rapport avec quelque parent ou ami, car il fit parvenir à la Convention une pétition dans laquelle il signalait un *prétendu* jugement du 21 messidor an II qui l'avait condamné à 20 ans de détention, etc.

Le comité de législation, chargé d'examiner cette pétition, rendit, le 1er ventôse an III, un arrêté qui porte [1] :

« Considérant qu'il paraît qu'il y a eu un *projet* de jugement préparé à l'avance et dans lequel on a laissé en blanc la place pour y insérer des dispositions quelconques ; que ce projet est signé par Coffinhal, président; Garnier-Launay et Maire, juges ;

« Que c'est un crime d'avoir clos et signé d'avance un jugement dont on avait laissé en blanc la place du dispositif ;

---

[1] Dossier Ornano, dites archives.

que ce crime est d'autant plus grave que 48 individus ont été mis à mort et un autre (Sainte-Marie) exposé six heures aux yeux du public, comme ayant été condamné à 20 ans de détention, sans que la loi paraisse avoir été légalement appliquée ;

« Arrête : que François-Auguste de Sainte-Marie, âgé de quatorze ans, etc., sera sur-le-champ mis en liberté, et que les scellés et séquestre seront levés sur ses papiers et ses biens, etc.;

« Que les juges, etc., qui ont signé le projet de jugement du 21 messidor, et qui n'auraient pas été traduits au Tribunal révolutionnaire et condamnés, seront dénoncés au comité de sûreté générale. »

Des trois juges qui avaient signé ce jugement fantôme du 21 messidor, Coffinhal avait été mis hors la loi, le 9 thermidor an II; Garnier-Launay et Maire, mis en accusation avec Fouquier-Tinville. Garnier fut condamné à mort, Maire fut acquitté sur la question intentionnelle. Le *projet* de jugement Ornano était compris dans la dixième question résolue affirmativement par le jury contre Fouquier-Tinville et qui était ainsi conçue :

« En livrant avant l'exécution du jugement la signature au greffier, sur des papiers blancs, de sorte qu'il s'en trouve encore plusieurs, dans le préambule et le vu desquels se trouvent rappelées grand nombre de personnes, qui toutes sont exécutées, mais contre lesquelles ces jugements ne renferment aucune disposition » [1].

---

[1] *Jugement rendu, etc., contre Fouquier*, p. 3. Biblioth. du Louvre.

Accusés condamnés à la place d'autres accusés.

112. Les fastes du Tribunal du 22 prairial, rappelés dans le procès de Fouquier, nous offrent plusieurs accusés condamnés à mort à la place des accusés véritables : *Sallier*, condamné pour son fils ; *Saint-Pern fils*, pour son père ; la dame *Maillet*, pour la veuve *Maillé* ; *Loizerolles père*, pour son fils. Examinons, dans l'ordre des dates, ces erreurs judiciaires (je devrais dire révolutionnaires), dont une seule (celle de la dame Maillet), n'est pas démontrée.

113. *Sallier père condamné à la place de son fils.* — Dans le procès de Fouquier, le témoin Dobsent, ancien président du Tribunal révolutionnaire, déclara que *Sallier père*, président à la Cour des Aides, avait été condamné à la place de son fils, conseiller au Parlement de Paris, alors absent depuis deux ans. Le débat qui s'éleva, sur ce point, entre Fouquier, le témoin et le substitut Ardenne fut parfaitement concluant [1]. L'exposé de l'acte d'accusation dans lequel Sallier père était compris, me paraît plus démonstratif encore.

Cet acte, *signé* Fouquier, du 29 germinal an II, suivi d'une ordonnance de prise de corps du même jour, était dressé contre *Lepeletier de Rosambo* et 24 autres membres des Parlements de Toulouse et de Paris, parmi lesquels se trouvaient *Hocquard*, premier président, et *Sallier père*, président à la

---

[1] Procès de Fouquier, nos xlj, p. 3, 4 ; xlij, p. 1.

Cour des Aides de Paris [1]. Tous, accusés de « conspiration depuis 1789 contre la souveraineté du peuple français, par des *protestations* provoquant l'avilissement de la représentation nationale », furent, le 1ᵉʳ floréal an II, condamnés à mort [2]. »

Dans cet acte d'accusation, sous le n° 4, Sallier père est ainsi désigné : « 4. Henry-Guy Sallier, âgé
« de soixante ans, né à la Roche-en-Breny, dé-
« partement de la Côte-d'Or, demeurant à Paris, rue
« du Grand-Chantier, ci-devant président à la ci-
« devant Cour des Aides. » — Voici la part qui lui était attribuée dans l'exposé des faits.

Fouquier rappelle, d'abord, les protestations des Parlements contre les actes de l'Assemblée nationale, et, en particulier, celles du Parlement de Toulouse, des 26 et 27 septembre 1789 ; de celui de Paris, des 5 et 7 novembre 1789 et 14 octobre 1790 ; les deux dernières protestations émanaient de la chambre des vacations ; elles étaient revêtues chacune de treize ou quatorze signatures, toutes énoncées par Fouquier, et parmi lesquelles le nom de *Sallier* ne figure pas [3]. Puis Fouquier continue ainsi :

Ces actes (les protestations de la chambre des vacations) furent communiqués aux différents membres qui n'y avaient pas pris part, mais qui y adhérèrent par des actes particuliers. Sallier, dans une lettre datée de la Roche-en-Bren, près Rouvray, en Bourgogne, le 25 octobre, écrit à M. Lepelletier, président, mais plus particulièrement à ceux de Messieurs qui ont servi la chambre des vacations : « C'est un devoir pour moi, à cette époque de sa séparation, de

---

[1, 3] Affaire de Lepeletier de Rosambo et autres, Archives de l'empire, section judiciaire.
[2] *Moniteur* du 8 flor. an II, p. 884.

rendre hommage à la pureté des sentiments, à l'attachement aux vrais principes de la monarchie, à l'inaltérable fidélité envers le roy et à la sagesse qui, dans ces moments si difficiles, ont dicté toutes leurs démarches ; si *mon nom* ne se trouve point dans leurs délibérations, il m'est permis au moins, de m'honorer de ce que je puis me regarder comme ayant pris part implicitement à tous les actes émanés de la chambre. — Dans l'impossibilité de constater autrement ces sentiments, j'ose vous prier, Monsieur, de vouloir bien en être le dépositaire et d'agréer personnellement l'assurance de l'estime respectueuse... » *Signé* : SALLIER.

Fouquier mentionne ensuite les protestations individuelles de *Rolland*, président des requêtes, de *Ferrand*, son gendre, de *Bourrée de Courberon*, mais le nom de Sallier ne reparaît plus dans l'exposé [1].

Quel était donc le Sallier qui avait écrit et signé cette lettre? Sallier fils, conseiller au Parlement, membre de la 1re chambre des enquêtes [2], membre de la chambre des vacations en 1790, demeurant rue du Grand-Chantier, avec son père [3]. Et, en effet, comment Sallier père, président de la *Cour des aides*, aurait-il eu la pensée de réunir sa protestation personnelle à la protestation délibérée par la chambre des vacations du *Parlement*; comment aurait-il pu se considérer « comme ayant pris part, même implicitement, aux actes » d'une compagnie entièrement distincte de la sienne? Cela était impossible. Sallier père réclama aux débats, après avoir réclamé dans ses interrogatoires préliminaires; il n'en fut pas moins jugé et condamné à mort sous la prési-

---

[1] Même dossier. Acte d'accusation.
[2,3] *Almanach royal* pour 1790, p. 300, 317.

dence de Coffinhal, et sur les conclusions de Liendon [1]; nous retrouverons ces deux membres du Tribunal dans l'affaire Loizerolles.

M. Louis Blanc [2] met au nombre des erreurs du Tribunal celle dont Sallier père fut la victime.

114. *Saint-Pern fils condamné à la place de son père.* — Avec les conspirateurs octogénaires, les frères Magon, avaient été mis en accusation plusieurs de leurs parents ou alliés : la marquise de Saint-Pern, née Magon-Labalue et son mari; la dame Cornulhyer, née Saint-Pern et son mari [3]. — Le 1er thermidor an II, ces accusés, au nombre de dix-huit, parurent devant le Tribunal; Saint-Pern père n'y était pas, mais bien son fils, âgé de dix-sept ans, dont le nom ne se trouvait point dans l'acte d'accusation. Voici, en effet, ce que contient cet acte [4] :

Dans l'énumération des accusés placée en tête, on lit :

5. Saint-Pern*n*.
6. Femme Saint-Pern*n*.

Puis, dans l'exposé des faits, page 4 :

« Saint-Pern*n* et *sa femme*, ex-marquis et ex-noble, *gendre* et fille de Magon-Labalue, étaient aussi les chefs du plan de contre-révolution, etc. »

---

[1] Dossier de l'affaire Lepeletier et autres; procès-verbal de la séance.
[2] *Histoire de la Révolution*, t. 11, p. 121.
[3] *Moniteur* du 7 therm. an II, p. 1257.
[4] Affaire Magon-Labalue et autres. Archives de l'empire, section judiciaire.

Et, plus bas :

« Depuis, Saint-Pern*n* et sa femme ont fait extraire ces correspondances du lieu où elles étaient cachées, etc. »

Rien de plus sur les Saint-Pern ; pas un mot sur Saint-Pern fils. Ces désignations ne s'appliquaient qu'au père et à la mère : « mari et femme, gendre et fille de Magon la Balue » etc. ; aucun doute n'était possible. Ce jeune homme, ou plutôt cet enfant de dix-sept ans, devait être mis hors des débats ; il y fut maintenu.

115. Pendant l'audience, un gendarme, nommé *Huel*, assis à ses côtés, le rassurait à cause de son âge. « Le jeune Saint-Pern, dit ce témoin [1], demanda au président Dumas de lire son extrait de baptême pour prouver qu'il n'avait que dix-sept ans ; il voulut aussi établir par un certificat de résidence que le 10 août (jour compris dans les griefs de l'accusation), il n'était pas à Paris. Le président lui répondit qu'il n'avait pas besoin de ses certificats. A ce propos, à un geste expressif d'un juré en cheveux ronds, je vis que ce malheureux jeune homme était perdu. Il me serra la main et, comme je retirais la mienne : « Je suis innocent, dit-il, je ne crains rien ; mais ta main n'est pas ferme. » Dumas le fit changer de place. »

Saint-Pern fils fut compris dans les questions posées au jury [2] sous le n° 5, avec ses prénoms et son âge. — Sous le n° 6 est la femme Saint-Pern, dite mère du précédent ; les désignations sont les mêmes

---

[1] Procès de Fouquier, déposition de Huel, n° xl, p. 4.
[2] Affaire Magon, etc. Archives de l'empire.

dans le jugement de condamnation [1] et dans le procès-verbal de la séance [2].

Saint-Pern fils fut condamné à mort avec les autres; un seul accusé, la veuve Benoît, aubergiste, échappa. Il y a ici une remarque de chiffres à faire. Dans l'acte d'accusation figuraient dix-huit personnes, y compris Saint-Pern père. L'absence de cet accusé réduisait à dix-sept le nombre annoncé au président Dumas; le nombre de dix-huit était rétabli par la présence de Saint-Pern fils sur les gradins. Sept jours après, le 8 thermidor, sous la présidence de Coffinhal, le nombre des accusés aurait aussi été réduit par l'absence d'un accusé, Loizerolles fils, sans l'appel de Loizerolles père qui fut jugé et condamné à la place de son fils.

116. Condamnée ainsi que son mari, la dame Cornulhyer, née Saint-Pern, échappa à la mort, grâce à un visible état de grossesse; huit jours après arriva le 9 thermidor. Témoin, dans l'affaire de Fouquier, elle déclara que trois complices, Renaudin, Châtelet et Prieur avaient siégé, comme jurés, lors de l'affaire Magon et Saint-Pern; et elle produisit la copie de la liste des jurés qui avait été alors signifiée; son mari, avant de monter dans la fatale charrette, lui donna de ses cheveux enveloppés de ce papier. Ce récit, suivant Donzelot, amena une scène déchirante [3].

M. Louis Blanc [4] admet l'erreur commise à l'égard de Saint-Pern fils.

[1,2] Affaire Magon, etc. Archives de l'empire.

[3] Procès de Fouquier, etc., déposition de la veuve Cornulhyer, n° xl, p. 3 et 4.

[4] *Histoire de la Révolution*, t. 11, p. 122.

117. La veuve Maillet. — La dame P.-C.-M.-J. Leroux, veuve Maillé, témoin au procès de Fouquier, fit la déclaration suivante :

« J'ai entendu dire que la citoyenne Maillet a péri pour moi, le 6 thermidor, devant le Tribunal. On interrogea cette dame sur des faits qui pouvaient me regarder, et on lui dit, après son jugement : Ce n'est pas vous que l'on voulait juger; mais c'est autant de fait ; autant vaut-il aujourd'hui que demain » [1].

Sur cette déclaration, qui ne paraît pas avoir été suffisamment vérifiée, des historiens ont rapporté que la veuve Maillet avait été condamnée à la place d'une femme qui portait le même nom. L'examen du dossier m'inspire une opinion contraire. Il s'agit de l'affaire Roucher, A. Chénier, Montalembert [2] et autres, jugée non le 6, mais le 7 thermidor an II. Voici d'abord ce qu'on trouve en tête de l'acte d'accusation :

1° Roucher ;
2° A. Chénier ;
3° Louise-Élisabeth-Gabriel Mathy-Simon, femme Maillet, *ex-noble*, âgée de 48 ans, née à Lorbec, département du Calvados, demeurant à Rouen.

Puis dans l'exposé des faits :

« Les Montalambert, *la Maillet* (et neuf autres des accusés), ont tous été les complices des trames de Capet et des conspirateurs de Coblentz, avec lesquels ils entretenaient des correspondances, à qui ils faisaient passer du numéraire, etc. »

---

[1] Procès de Fouquier, n° xxxvj, p. 1.
[2] Archives de l'empire, section judiciaire. J'en ai déjà parlé.

Dans la feuille des questions au jury, la veuve Maillet est ainsi désignée :

3° Louise-Élisabeth-Gabriel Mathy-Simon, veuve *Mayet* (ex-noble et lieutenant des maréchaux de France), 48 ans, née à Lorbec, département du Calvados, demeurant (commune de Priarde, district de Lisieux, même département).

Coffinhal, qui présidait, a effacé les mots *à Rouen* et ajouté tous ceux que j'ai placés entre parenthèses.

Enfin, le jugement de condamnation et le procès-verbal de la séance contiennent les mêmes désignations que la feuille des questions [1].

De tout cela il faut conclure, ce me semble, que l'identité de la veuve Maillet-Simon n'était pas douteuse; que, seulement, aux débats, Coffinhal compléta et rectifia tout à la fois les indications relatives à la qualité et au domicile de cette accusée.

118. *Loizerolles père, condamné à la place de son fils.* — Le trait héroïque de Loizerolles père, se laissant condamner à la place de son fils, est un des plus émouvants de la Révolution; il a été accepté par ses principaux historiens : par M. Thiers [2], par M. Michelet [3], et ne présente, en soi, rien de plus singulier que les condamnations erronées de Sallier père et de Saint-Pern fils dont je viens de parler.

Loizerolles était détenu à Saint-Lazare, avec sa femme et son fils. Le 7 thermidor au soir, l'huissier, chargé d'assurer la translation à la Conciergerie des accusés qui devaient être jugés le lendemain, fit, à Saint-Lazare, appeler Loizerolles sans autre désigna-

---

[1] Même dossier.
[2] *Histoire de la Révolution*, t. 6, p. 367 (2ᵉ édit.).
[3] *Histoire de la Révolution*, t. 7, p. 210, note.

tion. Loizerolles père se présenta et fut emmené. Arrivé à la Conciergerie, il vit, dans la copie de l'acte d'accusation, qu'il s'agissait de son fils. Aux débats, il ne fit pas ressortir l'erreur, et fut condamné à mort avec vingt-cinq autres accusés, le 8 thermidor [1].

M. Louis Blanc, qui admet les erreurs commises à l'égard de Sallier et de Saint-Pern, conteste celle qui concerne Loizerolles père [2] et cite, à l'appui de son opinion, ce passage de Fouquier-Tinville, dans sa *réponse aux différents chefs d'accusation* : « C'était Loizerolles père qui avait été dénoncé, c'est lui qui a été écroué, le 7 thermidor, à la Conciergerie ; lui qui a été jugé et condamné. Son identité fut reconnue et constatée à l'audience ; seulement l'huissier qui était allé à Lazare prendre les prénoms, âge et qualités du père, n'ayant pas demandé s'il y avait plusieurs Loizerolles, avait pris les prénoms, âge et qualités du fils. Cela fut rectifié à l'audience. La minute du jugement porte que c'est le père qui fut condamné : Loizerolles fils n'avait jamais été dénoncé. »

Mais cette allégation qui dément la tradition reçue sur les Loizerolles, Fouquier l'a abandonnée plus tard, dans l'observation suivante, faite aux débats de son procès, et que M. Louis Blanc n'a pas reproduite : « C'était le fils Loizerolles, dit Fouquier, qui était traduit en jugement. Après la loi du 22 prairial, on ne fit plus d'interrogatoires, on envoyait seulement dans les prisons des individus ou des huissiers qui étaient chargés de prendre les noms des détenus et de les amener au tribunal. Celui qui est allé à Lazare

---

[1] *Moniteur* du 30 therm. an II, p. 1356.
[2] *Histoire de la Révolution*, t. 10, p. 407, et t. 11, p. 123.

a pris le père pour le fils. Mon substitut, je crois que c'était Liendon, aurait dû faire *mettre le père hors des débats* [1]. »

Entre ces déclarations de Fouquier, qui se contredisent, il me serait permis, je crois, de préférer la dernière, recueillie à l'audience, où cet accusé avait à présenter sa véritable défense ; je n'en ai pas besoin; la vérité, sur ce fait historique si important, jaillira des pièces originales que M. Louis Blanc ne me paraît pas avoir vues. Rappelons d'abord les opinions, publiées sur Loizerolles à une époque contemporaine, et avant le procès de Fouquier-Tinville.

119. A la fin du *Moniteur* du 3 frimaire an III (23 novembre 1794), est une lettre sans date de Réal, qui contient un récit abrégé, mais complet, de l'erreur dont Loizerolles père fut la victime. « Dans le récit, dit Réal, que des journaux ont fait de la fin tragique de Loizerolles père, guillotiné le 8 thermidor, il s'est glissé quelques inexactitudes ; je vais les réformer, *j'ai vu les pièces* [2]. » Et, en effet, peu de jours auparavant, par une ordonnance rendue en chambre du conseil, le 29 brumaire, signée de onze juges, le Tribunal révolutionnaire, sur une requête signée *Réal*, défenseur officieux, avait autorisé le greffier Pâris à délivrer à Loizerolles fils des copies *figurées de l'acte d'accusation*, des *questions* posées au jury, de la *déclaration* des jurés, et du jugement de *condamnation* du 8 thermidor, concernant son père [3].

---

[1] Procès de Fouquier, n° xxj, p. 3.
[2] *Moniteur* du 3 frim. an III, p. 270.
[3] Procès de d'Usson et autres (Loizerolles). Archives de l'empire, section judiciaire.

120. Loizerolles fils et sa mère demandèrent à la Convention la levée des scellés apposés après l'exécution de Loizerolles père. Cette pétition fut renvoyée au comité de législation. Le 14 pluviôse, au nom de ce comité, Pottier présenta sur cette pétition un rapport très-développé, où on lit ce passage : « Le comité a examiné cette demande avec la plus sérieuse attention ; des copies officielles et *figurées* de la procédure ont été mises sous ses yeux. » Sur ce rapport, la Convention rendit un décret longuement motivé (je ne le transcris pas, parce que j'aurai tout à l'heure à en reproduire les éléments), et qui se termine ainsi [1] :

« Considérant que l'acte d'accusation a été porté contre *Loizerolles fils*, alors détenu dans la maison d'arrêt dite Lazare, et depuis mis en liberté ; qu'il n'y aucun acte d'accusation porté contre Loizerolles père ; qu'il ne pouvait, par conséquent, être mis en jugement ; qu'il n'a été compris sur la liste des condamnés que par une substitution de nom infiniment coupable et qui fait disparaître à son égard toute apparence de formes légales, décrète ce qui suit :

« Le jugement du Tribunal révolutionnaire, du 8 thermidor, est réputé non avenu contre Jean-Simon Loizerolles ; il n'y a lieu à la confiscation des biens dépendant de sa succession ; les scellés et séquestres qui pourraient avoir été mis seront levés sur-le-champ partout où besoin sera. »

Un décret ainsi motivé, c'est quelque chose, même après le 9 thermidor ; plus d'un historien scrupuleux pourrait s'en contenter. Allons plus loin, cependant, et voyons les pièces, non pas des copies *figurées*, comme le représentant Pottier, mais les actes originaux qui sont conservés aux Archives de l'Empire.

[1] *Moniteur* du 17 pluv. an III, p. 564.

121. L'objection de M. Louis Blanc, d'après la première déclaration de Fouquier, est celle-ci : « Loizerolles fils n'avait jamais été dénoncé ; c'était son père qui était personnellement accusé, et à qui une erreur rectifiée à l'audience avait passagèrement donné les prénoms et l'âge de son fils. »

Ouvrons d'abord les registres du parquet de Fouquier, où l'on mentionnait, jour par jour, l'entrée des pièces de procédure et de conviction. Dans le IIIe registre [1], sous le n° d'ordre 3175, je lis :

« Conspiration des prisons

« L'accusateur public contre : 1° Selle, ex-comte; 2°, 3°, etc., 18°, *Loizerole fils.* — Rien sur Loizerolles père.

Les pièces reçues du comité de salut public (et l'affaire de Loizerolles avait cette origine), Fouquier rédigeait l'acte d'accusation.

L'acte qui concerne l'affaire d'Usson et autres (celle de Loizerolles) porte la date du 6 thermidor : à la suite est l'ordonnance de prise de corps à la même date. L'acte commence ainsi [2] :

Antoine-Quentin Fouquier, accusateur, etc. ; expose que, par arrêté du comité de salut public de la Convention nationale :

1° Louis-Mathieu-Armand d'Usson, 2°, 3°, 4° ;

5° François-Simon Loizerolles fils, âgé de 22 ans, né à Paris, y demeurant, rue Victor, n° 82 ; 6°, 7°, etc., sont accusés.

Dans l'exposé des faits (qui, pour 26 accusés, n'a que deux pages), on lit :

Ainsi (suivent 12 noms), la femme Périgord, entrete-

[1,2] Procès de d'Usson et autres. Archives de l'empire, section judiciaire.

nant des correspondances avec son mari émigré ; *Loizerolle*, Primprin et autres, n'ont cessé, depuis la Révolution, de montrer la haine et l'aversion la plus prononcée contre la souveraineté du peuple et l'égalité.

Dans le reste de l'acte le nom de Loizerolles ne se revoit plus.

Ce n'est pas tout. Loizerolles fils se retrouve dans le jugement. On sait, j'en ai déjà parlé (n° 100), qu'après le 22 prairial, pour aller plus vite, Fouquier faisait rédiger d'avance les jugements de condamnation. Celui de l'affaire Loizerolles était écrit, en grande partie, avant les débats ; en tête de cet acte, comme dans les autres, est transcrit l'acte d'accusation et on y lit cette mention [1] :

5° François-Simon Loizerolles fils, âgé de 22 ans, né à Paris, y demeurant rue Victor, 82. (Le prénom de *François* est rayé et celui de *Jean* écrit au-dessus ; je reviens, plus bas, sur cette correction.)

Après ces préliminaires, on n'avait plus qu'à amener les accusés à la Conciergerie ; c'est ce que fit, la veille de l'audience, un huissier, porteur de la pièce suivante [2] :

Réquisitoire (signé Fouquier) au gardien de la maison d'arrêt de Lazarre, pour remettre à la gendarmerie et à l'huissier, 1°, 2°, 3°, 4°, 5° *Loizerolle* (sans autre désignation), 6°, 7°, etc., pour être conduits au Tribunal révolutionnaire, le 7 thermidor, l'an II.

122. De la teneur et du rapprochement de ces pièces, ressortent plusieurs conséquences qui détrui-

---

[1], [2] Procès de d'Usson et autres. Archives de l'empire, section judiciaire.

sent, ce me semble, l'opinion de M. Louis Blanc, et l'allégation première de Fouquier qui lui sert de base.

D'abord Loizerolles fils avait dû être dénoncé, puisque son nom figure :

1° Sur le registre d'entrée du parquet de Fouquier ;

2° Dans l'acte d'accusation et dans le jugement où sont, de plus, ses prénoms, son âge, son domicile.

Ces indications détaillées ne furent pas dues à l'huissier qui alla extraire les accusés de Saint-Lazare ; cet officier ministériel n'avait point, le 7 thermidor, à recueillir des renseignements qui figuraient tous dans un acte rédigé dès la veille ou le 6 thermidor. Ce qui arriva à l'audience s'explique à merveille, et il est presque superflu de le redire ici. Loizerolles père, monté sur les gradins, s'y trouva à la place de son fils, complétant, ainsi, le *nombre* des accusés attendus. Alors Coffinhal, qui présidait, fit ce que, la semaine précédente, Dumas avait fait lui-même. Dumas avait accepté Saint-Pern fils à la place de son père ; Coffinhal accepta Loizerolles père à la place de son fils ; et, pour mettre les questions au jury d'accord avec cette substitution de personnes, au n° 5 de ces questions, où figurait déjà Loizerolles fils, il effaça le prénom de *François* et écrivit celui de *Jean* ; au-dessus du mot *fils*, il mit *père*, et surchargea le chiffre 22, âge du fils, de celui de 61, âge du père. Restait le jugement de condamnation rédigé d'avance et où, je l'ai dit, se trouvait encore Loizerolles fils ; Coffinhal se contenta d'y écrire le prénom de *Jean* au-dessus de celui de *François*, laissant les autres indications subsister [1]. En se bornant à cette correction,

---

[1] Procès de d'Usson. Archives de l'empire.

est-ce que sa patience était à bout, ou le temps lui avait-il manqué? Je ne saurais le dire. Peut-être était-ce le temps. On jugeait alors les accusés dans l'espace de *quatre*, de *cinq* minutes par tête; les moments étaient infiniment précieux.

123. Quoi qu'il en soit, lors du procès de Fouquier, où les pièces furent examinées, cette substitution de Loizerolles père à son fils ne fut un doute pour personne; Fouquier, on l'a vu, fut obligé d'en convenir, et il rejeta la faute sur son substitut Lieudon [1].

La déclaration de Loizerolles fils sur le dévouement de son père fut extrêmement touchante [2]. Longtemps il avait ignoré ce sublime sacrifice. Mis en liberté, avec sa mère, le 6 brumaire an III, quelques jours après, il l'apprit d'un ancien curé de Champigny, le sieur Prauville, d'abord enfermé à Saint-Lazare, puis à la Conciergerie, et que le 9 thermidor avait sauvé... « Embrassez-moi, dit Prauville au fils Loizerolles, nous sommes deux malheureux échappés du naufrage; savez-vous qui vous a sauvé la vie? C'est votre père, et voici ses dernières paroles : « Ces gens-là sont si bêtes, ils vont si vite en besogne, qu'ils n'ont pas le temps de regarder derrière eux! Il ne leur faut que des têtes; peu leur importe lesquelles, pourvu qu'ils aient leur *nombre*; au surplus, je ne fais pas de tort à mon fils, tout le bien est à sa mère. Si, au milieu de ces orages, il arrive un jour serein, mon fils est jeune, il en profitera; je persiste dans ma résolution [3]. »

---

[1] Procès de Fouquier, réponses de cet accusé, n° xxj, p. 3.
[2] *Ibidem*, n° lxiij, p. 2.
[3] *Ibidem*, n° xliij, p. 1 et 2.

Loizerolles fils avait peine à comprendre un pareil dévouement. Le lendemain, il en eut la preuve. Traversant le pont de l'Hôtel-Dieu, il vit son arrêt de mort affiché parmi plusieurs autres ; cet extrait était conforme au jugement du Tribunal ; le père condamné, c'était le fils qui était resté dans cet acte. Avec la permission d'une patrouille, Loizerolles arracha ce papier, et ce fut la première pièce qui motiva sa pétition et celle de sa mère accueillies, on l'a vu, par la Convention. Devant le Tribunal, la déposition Loizerolles fut si intéressante, si pathétique, que l'auditoire fondit en larmes, et que le président se hâta de fermer le débat sur ce douloureux incident[1].

Nombre des condamnations à mort.

124. Voyons, maintenant, les résultats de la justice du Tribunal révolutionnaire de Paris, si l'on peut ici prononcer ce saint nom de justice. Ces résultats ont été exagérés ou amoindris, suivant la couleur politique des historiens[2]. Les chiffres qui vont suivre ont été tirés du *Moniteur*, compulsé avec soin, et complété par les recueils du temps les plus accrédités : le *Répertoire* de Clément[3] qui s'arrête au 29 ni-

---

[1] Procès de Fouquier, réponses de cet accusé, n° xliij, p. 1 et 2.

[2] Ainsi on a élevé à près de 3,000, à plus du double, le nombre des victimes de la période Couthon (M. Hiver, *Hist. des Institutions judiciaires*, p. 358) ; et j'ai ouï rabaisser à 500, à moins du *cinquième*, le nombre total des victimes du Tribunal de Paris.

[3] Il faut conférer avec une grande attention ces trois recueils, pour pouvoir connaître la vérité ; dans le *Moniteur*

vôse an II, et la *Liste générale* des conspirateurs condamnés à mort, qui s'étend jusqu'au jugement de Carrier et de ses complices. Je puis attester l'exactitude de mes chiffres, comme minimum ; quelques victimes peuvent avoir été oubliées ; il ne me paraît pas possible qu'il y en ait eu de supposées.

Le Tribunal du 17 août 1792 (on l'a déjà vu n° 13) avait prononcé 7 condamnations capitales pour crimes politiques (avec 7 acquittements).

Celui du 10 mars 1793, jusqu'au 22 prairial inclusivement, en prononça 1,256. — 76 furent condamnés à des peines inférieures et 586 acquittés.

Le Tribunal du 22 prairial, en six semaines, du 23 prairial au 9 thermidor inclusivement, condamna 1351 accusés à mort, et 4 seulement à des peines inférieures ; 317 furent acquittés. 1351 condamnations en 43 séances, si l'on retranche les décadis, c'est une moyenne de plus de 31 par séance. Le 23 messidor, il n'y eut que 6 condamnations ; mais, le 19, il y en avait eu 69 [1] !

Enfin, du 10 au 12 thermidor, 105 individus furent encore envoyés à l'échafaud par le même Tribunal ; c'étaient les deux Robespierre, Saint-Just, Couthon, Hanriot et les membres de la Commune mis hors la loi par la Convention, et dont l'identité seule était à constater. On verra bientôt que Fouquier ne mit pas moins de diligence à exécuter ces décrets thermido-

et dans la *Liste générale*, etc., il y a quelques omissions, qui ne portent pas sur les mêmes noms. Le numérotage de ce dernier recueil est, en outre, assez irrégulier ; il y a des chiffres de passés et d'autres de répétés.

[1] La Commission de Lyon (V. n° 172) avait fait mieux ; le 15 frim. an II, elle prononça 209 condamnations capitales.

riens qu'il n'en avait montré jusque-là à se conformer aux ordres du comité de salut public.

Ainsi, le nombre total des condamnations capitales prononcées durant ces trois premières périodes du Tribunal révolutionnaire de Paris, s'éleva à 2,719 (à 2,613, en retranchant les mises hors la loi).

M. Thiers [1] réduit ce chiffre à 1,867 ; savoir : 577 condamnations pour les deux premières périodes, et 1,285 pour la troisième ; il y a là une erreur évidente, même en écartant les mises hors la loi des 9 et 10 thermidor.

MM. Buchez et Roux [2] portent le total à 2,669. M. Louis Blanc, tantôt [3] à 2,625, tantôt [4] à 2,750. Le chiffre que j'ai adopté n'est, je le répète, qu'un minimum.

Mais ce qui est le plus à remarquer n'est pas le *chiffre*, c'est la *condition* des victimes. « Quand on consulte les listes du Tribunal révolutionnaire, dit M. Louis Blanc, on y voit confondus pêle-mêle, princes et concierges, duchesses et femmes de chambre, marquis et charretiers, magistrats et laboureurs, prêtres et artisans. Les CLASSES AISÉES ne figurent que pour le nombre de 650 (moins du *quart*), dans le chiffre total des guillotinés » [5]. Ainsi, dirai-je à mon tour, la justice révolutionnaire ne s'attaquait pas seulement aux individus présumés, par leur position, hostiles à la Révolution, elle frappait en aveugle ceux-là même qui avaient dû le plus en souhaiter ou en recueillir les bienfaits.

---

[1] *Histoire de la Révolution*, 2ᵉ édit,, t. 6, p. 370.
[2] *Histoire parlementaire*, t. 34, p. 97.
[3,4] *Histoire de la Révolution*, t. 11, p. 128 et 155.
[5] *Ibidem*, t. 11, p. 154.

On verra plus bas (n° 127) comment, délivré de Fouquier, de Dumas, de Coffinhal, de la pression des Jacobins et de la loi du 22 prairial, ce Tribunal procéda après le 9 thermidor : jusqu'au 12 prairial an III, jour de sa suppression, sur 580 accusés jugés, 71 seulement furent condamnés à mort.

125. *Arrestations, à Paris, pendant la Révolution.* — Le nombre des condamnations capitales, prononcées révolutionnairement à Paris, suppose au même lieu des arrestations extrêmement multipliées. Le chiffre connu de ces actes dépasse, en effet, *trente mille*, et peut-être a-t-il été encore plus élevé. En effet, aux archives de la préfecture de police, est un *répertoire* dressé, depuis quelques années, de tous les individus qui, du 6 octobre 1789 au 5e complémentaire an V (21 septembre 1797), furent, à Paris, arrêtés ou détenus durant un temps quelconque. Ce répertoire, par ordre alphabétique, est le dépouillement des pièces recueillies et conservées à la préfecture, qui proviennent des comités révolutionnaires de Paris et qui portent ordre d'*arrestation*, de *transfèrement* ou de *mise en liberté*. Ses trois forts volumes in-4°, à colonnes, renferment au moins 30,000 noms, avec les prénoms, âge, profession, etc., les motifs et le résultat de l'arrestation, la date des pièces, le numéro des cartons et des pièces, le sort connu de l'individu arrêté. Ce curieux et utile dictionnaire [1] devra, je crois, être compulsé par les historiens futurs de la Révolution.

[1] Sa rédaction, qui a coûté plusieurs années de travail, a été dirigée par M. Labat, archiviste de la préfecture de police.

Robespierre, Couthon, Saint-Just, etc., hors la loi.

126. Le Tribunal du 22 prairial avait suivi, avec une obéissance aveugle, les instructions du comité de salut public et observé avec une célérité inouïe les dispositions de la loi Couthon. Du 3 au 9 thermidor, on l'a vu (n° 104), en 7 séances, il avait jugé dix affaires dites *fournées*, qui comprenaient 310 accusés, sur lesquels 285 avaient été condamnés à mort. Le 9 thermidor, pendant que l'on expédiait les deux dernières fournées, les deux Robespierre, Couthon, Saint-Just, Lebas, la Commune de Paris étaient mis hors la loi par la Convention. Le lendemain, à l'ouverture de la séance, à neuf heures du matin, le département de Paris et le Tribunal révolutionnaire venaient féliciter l'Assemblée d'avoir sauvé la patrie. « Il s'était glissé dans notre sein quelques traîtres, dit l'orateur du Tribunal, vous avez su les distinguer [1], et bientôt ils auront subi la peine due à leurs forfaits. Pour nous, toujours entièrement dévoués à la représentation nationale et à nos devoirs, nous venons prendre *vos ordres* pour le jugement des conspirateurs. » On applaudit [2].

Fouquier-Tinville prit ensuite la parole et demanda à la Convention de lever une *difficulté* qui se présentait. Pour constater l'identité des individus mis, la veille, hors la loi, il fallait la présence de deux officiers municipaux de la Commune ; or, les municipaux de

---

[1] Entre autres *Dumas*, président, etc., *Coffinhal*, vice-président du Tribunal, mis hors la loi avec la Commune.

[2] *Moniteur* du 12 therm. an II, p. 1278.

Paris se trouvant frappés eux-mêmes, il n'était pas possible au Tribunal de satisfaire à *cette formalité*[1].

Après diverses observations, la difficulté fut renvoyée à l'examen des comités de salut public et de sûreté générale. Bientôt Élie Lacoste, comme le rapporteur de ces comités, vint demander[2] « que le Tribunal révolutionnaire fût dispensé de l'assistance de deux magistrats municipaux, et que l'échafaud fût élevé place de la Révolution. » Depuis le 26 prairial, les exécutions avaient lieu à la barrière du *Trône*, dite barrière *renversée*[3]. L'Assemblée décréta immédiatement ces propositions[4].

Le Tribunal s'occupa, sans tarder, de constater l'identité de Robespierre, Couthon, Saint-Just, Hanriot et de 18 autres individus (dont 11 municipaux), mis hors la loi : on les exécuta le jour même. Tallien annonça cette nouvelle à la Convention, dans la soirée, et « la séance fut levée, porte le *Moniteur*, au milieu des applaudissements et des cris de joie[5]. »

Le lendemain, 11 thermidor, 71 autres individus (dont 69 municipaux); et le 12, les 12 derniers, mis hors la loi, subirent le même sort[6].

Ce furent là les dernières marques du zèle de Fouquier-Tinville : le 14 thermidor, la loi du 22 prairial était rapportée, et il était décrété d'arrestation[7].

[1,2,4] *Moniteur* du 12 therm. an II, p. 1278.

[3] *Liste générale*, etc., *des conspirateurs*, etc., in-18, n° vj, p. 20.

[5] *Moniteur* du 13 thermidor, p. 1285.

[6] *Idem* des 6 et 8 fructidor, p. 1380, 1388.

[7] *Idem* du 15 thermidor, p. 1292.

§ 4. — *Tribunal du 23 thermidor an II.*

127. Le Tribunal révolutionnaire de Paris ne fut pas supprimé après le 9 thermidor, mais son action et son organisation furent comme transformées. Dès le 10 thermidor, la Convention abrogeait [1] la reconnaissance d'identité des conspirateurs mis hors la loi (V. n° 28), et ordonnait [2] que les commissions populaires nommées pour juger les détenus seraient épurées. Le 14, elle rapportait la fameuse loi du 22 prairial, à l'unanimité, au milieu des plus vifs applaudissements. Bientôt l'arrestation et l'envoi au Tribunal révolutionnaire, de Fouquier, étaient aussi décrétés, et, à plusieurs reprises, applaudis [3]. Enfin, le 23 thermidor, l'Assemblée renouvelait entièrement le personnel du Tribunal et décidait que les jurés suivraient les lois antérieures à celle du 22 prairial, et prononceraient sur la question intentionnelle [4]. Plus tard, la loi du 8 nivôse an III, rédigée par Merlin (de Douai), améliora sensiblement la procédure suivie à ce Tribunal (V. n° 140).

Le nouveau Tribunal avait pour président, *Dopsent*, nommé par un décret spécial [5]. De ses vingt-quatre présidents ou juges, *six* seulement avaient appartenu au Tribunal du 10 mars, savoir; cinq, comme juges : Dopsent, Bravet, Denisot, Hardoin, Maire, et le sixième, Meyer, comme juré. Sur les 59

[1,2] *Moniteur* du 13 thermidor, p. 1283.
[3] *Idem* du 15 thermidor, p. 1290.
[4] *Idem* du 24 thermidor, p. 1328.
[5] *Idem* du 26 thermidor, p. 1336.

jurés, *trois*, Sambat, Topino-Lebrun, Nesselin, y avaient été jurés; un quatrième, Paillet, y avait été juge [1].

Les décisions du Tribunal du 23 thermidor se ressentirent de ces améliorations.

128. Le 15 fructidor, après trois jours de débats, était jugée l'affaire du nommé *Lemonier*, huissier à Paris et commissaire civil de la section de la Fidélité, traduit, avec 41 autres sectionnaires, pour « avoir, dans la nuit du 9 au 10 thermidor, participé à la rébellion de la Commune de Paris, et à la conspiration, au sein du conseil général de ladite Commune, tendant à soustraire au glaive de la loi les frères Robespierre, Couthon, Saint-Just, Lebas, Hanriot, Coffinhal et autres, et cherché à dissoudre la Convention nationale et rétablir la royauté en France » [2]. Le jury déclara que les quarante et un complices de Lemonier étaient des hommes égarés, qui, après avoir reconnu leur erreur, avaient, pour la plupart, volé au secours de la Convention ; tous furent acquittés ; Lemonier, seul, convaincu « d'avoir participé sciemment à ces délits, avec des intentions contre-révolutionnaires, fut condamné à la peine de mort » [3].

Un peu plus tard fut jugée une affaire venue de Nantes, et dont les débats contribuèrent singulièrement à faire traduire devant le Tribunal, d'abord, les membres les plus compromis du comité révolution-

---

[1] *Moniteur* du 27 thermidor, p. 1337.
[2] *Liste générale*, etc., *des conspirateurs*, etc., in-18, cahier x, n° 2750.
[3] *Moniteur* du 25 fruct. an II, p. 1460.

naire de cette ville, et ensuite le représentant Carrier.

Procès des quatre-vingt-quatorze Nantais.

129. Au commencement de frimaire an II, le comité révolutionnaire de Nantes, assisté de la compagnie dite de Marat (V. n° 177), fit arrêter cent trente-neuf personnes comme ayant conspiré contre la République; aucun mandat d'arrêt n'avait été décerné [1].

Le 7 frimaire, cent trente-deux des individus ainsi arrêtés furent envoyés à Paris, sous l'escorte d'un bataillon de volontaires. Leur voyage dura plus d'un mois. Sur leur route, pendant leur séjour en différentes villes, principalement à Angers et à Saumur, ils éprouvèrent d'indignes traitements et de telles souffrances, que plus de *trente* succombèrent; maintes fois les autres craignirent d'être fusillés. Arrivés à Paris, le 16 nivôse [2], ils y furent heureusement oubliés; les pièces nécessaires à leur jugement n'étaient pas envoyées de Nantes. Vint le 9 thermidor, et leurs réclamations purent être entendues. L'un d'eux, Phelippe de Tronjolly, ancien président du Tribunal révolutionnaire de Nantes, et qui avait eu le courage de résister à Carrier, publia, le 11 fructidor, un mémoire dans lequel [3] il dénonçait ce représentant à la Convention.

---

[1] *Bulletin du Tribunal*, 6ᵉ part., n° 25, p. 99.
[2] *Moniteur* de la 1ʳᵉ sans-culottide de l'an II, p. 1480.
[3] *Phelippe dit Tronjolly, accusé détenu*, etc., *à la Convention nationale et à ses juges*, in-4° de 8 pages. Biblioth. impériale.

Le 22 fructidor, les conspirateurs nantais, réduits à quatre-vingt-quatorze, par suite de décès, parurent devant le Tribunal. Tous furent acquittés aux applaudissements de l'auditoire [1]. Pendant les débats, qui occupèrent cinq audiences, il fut bien moins question des reproches qui leur étaient adressés que des cruautés inouïes commises à Nantes, avant et pendant le proconsulat de Carrier, par la plupart des témoins produits à charge dans le procès ; Goullin, Chaux, Grandmaison, Bachelier, Pinard, Minguet et Carrier lui-même. Les Nantais, Phelippe de Tronjolly, en tête, se défendirent en attaquant ces témoins et racontèrent des actes monstrueux que ces témoins furent obligés de confesser : les arrestations sans frein de la compagnie Marat, les noyades, les fusillades, les sabrades, les envois à la guillotine *sans jugement* [2] ; il en sera question, tout à l'heure, à propos de l'affaire Carrier, ou, plus bas, dans le paragraphe de la commission militaire de Nantes (n°⁸ 175 et suiv.).

Procès des membres du comité révolutionnaire de Nantes, et de Carrier.

130. La plus grave et la plus longue des affaires jugées par le Tribunal révolutionnaire de Paris, c'est l'affaire Carrier. Commencée le 25 vendémiaire an III, elle ne fut terminée que le 26 frimaire suivant, après

---

[1] *Moniteur* du 5 vend. an III, p. 26.
[2] *Bulletin du Tribunal révolutionnaire*, 6ᵉ part., n° 26, p. 102.

cinquante-quatre audiences [1]. Il est vrai que des incidents inattendus et nombreux prolongèrent les débats; aux treize accusés traduits d'abord, devant le Tribunal, on en joignit successivement dix-huit autres, pris parmi les témoins du procès, et, de plus, le représentant Carrier [2]. Lorsque celui-ci prit place sur les gradins, une partie des débats dut être recommencée en sa présence [3].

Ce procès, d'après les comptes rendus et les documents originaux, présenta des détails multipliés et abominables. Je ne rapporterai que ceux qui sont nécessaires pour faire apprécier le caractère et la physionomie de l'affaire.

Remarquons d'abord que ce ne fut point un procès dû à ce que l'on a appelé la réaction thermidorienne. Par un arrêté du 5 thermidor an II [4], les représentants Bourbotte et Bô, en mission à Nantes, avaient envoyé au Tribunal révolutionnaire de Paris neuf membres du comité révolutionnaire de Nantes et quatre commissaires de ce comité.

La plupart de ces accusés, je viens de le dire (n° 129), étaient témoins à charge dans l'affaire des 94 Nantais; les révélations terribles, sorties de ces débats, durent hâter leur propre jugement.

131. En effet, le 25 vendémiaire an III, paraissaient devant le tribunal : *Goullin*, Moreau dit *Grandmaison*, *Pinard*, et dix autres accusés, qui avaient

---

[1,2,3] Affaire Carrier, 43° pièce, procès-verbal de la séance. Archives de l'empire.

[4] Acte d'accusation contre Goullin et autres. **Bulletin du Tribunal révolutionnaire**, 6° part., n° 55.

fait partie du comité révolutionnaire de Nantes, ou qui en avaient été commissaires sous le proconsulat de Carrier [1].

Un grand nombre de témoins furent entendus, parmi lesquels 18 furent successivement mis en accusation, eux-mêmes, et réunis aux autres accusés, en vertu d'actes d'accusation spéciaux, dressés par l'accusateur public [2]; c'est ce qui eut lieu, notamment :

Le 3 brumaire, pour *Richard*, 30e et *Foucault*, 31e témoins, arrêtés, le premier, comme complice des noyades; le second, comme l'inventeur des célèbres bateaux à *soupape* [3].

Le 5 brumaire, pour *Ducout*, 9e témoin, qui était de la compagnie Marat (*V.* n° 177) [4].

Le 27 brumaire, pour *O'sollivan*, 35e témoin, comme ayant participé aux noyades, en égorgeant les citoyens avec un petit couteau [5]. On reprocha encore à cet accusé d'avoir, dînant un jour avec Carrier à son sérail de Richebourg, imité les grimaces de ses victimes, lorsque le couteau leur entrait dans la gorge, ce qui faisait rire Carrier aux éclats [6].

Le 13 frimaire, pour *Robin* et *Dhéron*, le premier, accusé d'avoir participé à trois noyades; le second d'avoir tué des enfants à coups de pistolet [7]. Un autre fait était reproché à Dhéron, tellement dégoûtant que je ne le rapporterai pas; on le trouve dans le compte rendu du procès de Carrier [8].

---

[1] à [7] Procès de Carrier, 43e pièce; procès-verbal de la séance, déjà cité. Archives de l'empire.

[8] *Bulletin du Tribunal révolutionnaire*, 7e part., n° 14, p. 54.

132. Mais le principal complice des membres du comité de Nantes, c'était Carrier; il ne fut mis en jugement par la Convention, on va le voir, qu'après le plus long et le plus minutieux examen.

Dès le commencement des débats, Phelippe de Tronjolly, un des 94 Nantais, l'avait dénoncé avec véhémence [1]. Les accusés, qui avouaient les faits qui leur étaient reprochés, en faisaient remonter la responsabilité jusqu'à ce représentant. Le 6 brumaire, Réal, un des défenseurs, demanda, au nom des accusés, que procès-verbal fût dressé des imputations faites à Carrier par différents témoins et envoyé au comité de sûreté générale. Ces réquisitions furent accueillies par de grands applaudissements; des bravos partirent de tous côtés. Déjà l'auditoire et les accusés commençaient à crier : *Carrier, Carrier!* et ces cris furent bien des fois renouvelés aux débats, jusqu'à la mise en accusation de ce député. Le président (Dobsent) annonça que tous les jours il rendait compte des débats au comité [2].

133. Le même jour, après avoir entendu Raffron, qui demanda que la conduite de Carrier à Nantes fût examinée, la Convention décréta, sur le rapport de Merlin (de Douai), que toute dénonciation contre un représentant du peuple serait portée ou renvoyée aux trois comités de salut public, de sûreté générale et de législation, qui déclareraient à la Convention s'il y avait lieu à examen [3]. Une commission de 21 mem-

---

[1,2] Procès-verbal de la séance, affaire Carrier, déjà citée. Archives de l'empire.

[3] *Moniteur* des 8 et 9 brum. an III, p. 170 et 172.

bres devait ensuite entendre le prévenu, lui communiquer les pièces, etc.[1].

Le 8 brumaire, cette commission fut nommée et chargée d'examiner la conduite de Carrier[2].

Le 21 brumaire, Romme, accueilli par des applaudissements, fit son rapport, au nom de la commission, et conclut à l'accusation contre Carrier. Dans ce rapport, on lit ce passage : « Une foule de lettres parlent aussi de ce qu'on appelait à Nantes le *mariage républicain;* il consistait à lier un jeune homme sur une jeune fille, et à les précipiter ainsi dans les flots. » En réponse, Carrier lut un discours justificatif qui dura plusieurs heures, écouté par la Convention dans le plus profond silence, mais qui excita des mouvements d'indignation parmi les spectateurs.

L'arrestation de Carrier fut ensuite décrétée aux cris de : *Vive la République! Vive la Convention*[3]! Le même soir, les comités faisaient fermer la salle des Jacobins, et le lendemain, leur arrêté était approuvé par la Convention nationale[4] à la presque unanimité.

134. Là, ne fut pas bornée la défense préliminaire de Carrier.

Le 1er frimaire, il fut admis dans l'Assemblée (accompagné de gendarmes), et présenta des explications qui occupèrent toute la séance, toute celle du lendemain et une grande partie de celle du 3 frimaire ; il lut ou fit lire, et discuta quatre-vingt-huit pièces,

---

[1,2] *Moniteur* des 10 et 11 brumaire, p. 176 et 181.
[3,4] *Idem* des 23 et 24 brumaire, p. 230 et 238.

parmi celles qui avaient été produites à la commission contre lui[1].

Un grand nombre de faits qui étaient reprochés à Carrier étaient invraisemblables ou ne reposaient que sur de simples allégations; ses réponses, à cet égard, furent souvent plausibles : sur quelques traits inouïs, il fut moins heureux. Ainsi, il contesta vainement les deux ordres célèbres des 27 et 29 frim. an II, sur lesquels je reviens plus bas (n° 136), d'exécuter sans jugement une cinquantaine de brigands des deux sexes. A propos de ces ordres dont on n'avait qu'une copie, la Convention, après une longue discussion, ordonna[2] que, par un courrier extraordinaire, on demanderait à Nantes les pièces originales qui s'y trouvaient et qui étaient relatives à l'affaire de Carrier.

On procéda ensuite à un appel nominal motivé, comme dans le procès de Louis XVI, et le 4 frimaire, à deux heures du matin, Carrier fut décrété d'accusation par 498 voix sur 500 votants et les deux votes dissidents étaient seulement conditionnels[3].

C'est ainsi que la Convention, après le 9 thermidor, mit en accusation Carrier, lorsque, dominée par la Montagne et par Robespierre, elle avait mis en accusation les Girondins[4], puis les Dantonistes[5], sans les entendre et par assis et levé.

135. Quoi qu'il en soit, Carrier fut réuni, le 7 fri-

---

[1] *Moniteur* des 3, 4, 5 et 6 frim. an III.
[2] *Idem* du 5 frim. an III, p. 275.
[3] *Idem* du 8 frim. an III, p. 287.
[4] *Idem* du 4 oct. 1793, p. 1174, et 17 vend. an II, p. 68.
[5] *Idem* du 12 germ. an II, p. 780.

maire¹, aux accusés du comité de Nantes, déjà en jugement devant le Tribunal. Là, il récusa les juges, le substitut et les jurés. « Il ne pouvait, dit-il, accepter le jury siégeant, et devait avoir le droit d'exercer ses récusations sur des jurés tirés au sort. » Cette prétention, combattue par l'accusateur public, ne fut pas accueillie par le Tribunal qui, pour la rejeter, se fonda sur la loi du 5 septembre 1793, d'après laquelle les jurés avaient le droit d'instruire les incidents qui avaient rapport à l'accusation principale dont ils étaient saisis². Le lendemain, 8 frimaire, cet incident fut soumis à la Convention, qui passa à l'ordre du jour³.

Les débats furent donc continués, et, en partie, recommencés avec Carrier. Depuis le 8 frimaire jusqu'au 23, ils occupèrent encore *treize* audiences. Le 24 et le 25, on entendit l'accusation et la défense. Le président fit son résumé, dans la nuit suivante, et le 26, à midi, Carrier, Pinard et Grandmaison furent seuls condamnés à mort⁴.

136. Carrier fut déclaré coupable par le jury, entre autres faits :

1° D'avoir donné, le 27 et le 29 frimaire an II, l'ordre à Phelippe Tronjolly, président du Tribunal criminel de la Loire-Inférieure, de faire exécuter sur-le-champ et sans juge-

---

[1] Le *Moniteur* du 8 frimaire, p. 290, rapporte les chefs de l'accusation, au nombre de *dix*, tous abominables.

[2] *Bulletin du Tribunal révolutionnaire*, 7ᵉ part., nᵒˢ 5 et 6.

[3] *Moniteur* du 10 frim. an III, p. 298.

[4] Affaire Carrier, 43ᵉ pièce; procès-verbal de la séance. Archives de l'empire.

ment, des brigands, parmi lesquels étaient des enfants et des femmes [1].

Ces ordres existent encore en original [2].

Le premier, du 27 frimaire, est intitulé :

Liste des brigands pris les armes à la main.

Il contient les noms de 24 cultivateurs de la Vendée, parmi lesquels :

N° 11. Peigné, âgé de 14 ans ;
 18. Charon, âgé de 13 ans ;
 22. Bertaud, âgé de 14 ans ;
 23. Guillocheaud, âgé de 13 ans.

Au bas est l'ordre suivant :

Pour ordre au citoyen Phelippe, président — du Tribunal criminel de faire exécuter — sur-le-champ, sans jugement, les — vingt-quatre brigands cy-dessus, — et de l'autre part qui ont été — arrêtés les armes à la main.

Nantes, 27 frimaire de l'an II° de la République française, une et indivisible.

    Le Représentant du peuple,
     Signé : CARRIER, avec paraphe.

Le second, du 29 frimaire, porte le même intitulé. Il contient les noms de vingt-sept personnes :

D'abord de 20 laboureurs, des districts de Guérande ou de Savenay, puis de 7 femmes ;

N°s 21, 22, 23, 24. Les quatre sœurs La Métairie, âgées de 28, 27, 26 et 17 ans, du district de la Roche-sur-Yon ;
 25. Jeanne *Roy*, leur domestique ;
 26. La fille *Herouet*, de Vannes ;
 27. La fille *Marchand*, de Lorient.

Au bas est un ordre conçu absolument dans les

---

[1] *Moniteur* du 10 niv. an III, p. 413.

[2] Aux archives de l'empire, pièces relatives à Carrier, n°s 64 et 65 ; je les ai *vus* et *touchés*, le 18 juin 1861 !

mêmes termes que le précédent; seulement il est daté du 29 frimaire, et Carrier y prend la qualité de représentant du peuple *français*.

Signé Carrier, avec paraphe.

Tous ces malheureux montèrent sur l'échafaud. On dit que le bourreau mourut de chagrin d'avoir exécuté les jeunes filles [1].

A la Convention [2], Carrier contesta l'existence de ces pièces inouïes dont on n'avait alors que des copies certifiées. Lorsque, en exécution du décret du 2 frimaire (n° 134), ces ordres eurent été envoyés de Nantes, en original, il fut bien obligé de reconnaître ses signatures, mais il prétendit qu'elles lui avaient été subtilisées!

137. 4° D'avoir ordonné ou toléré des noyades d'hommes, d'enfants ou de femmes [4].

Ces noyades étaient *avouées* par les complices de Carrier [5], qui, seulement, en faisaient remonter la responsabilité jusqu'à lui. Je ne puis me résoudre à en donner ici la description, encore moins à raconter les *mariages républicains*; j'examine seulement si Carrier était autorisé à nier, comme il le fit à la Convention [6] et aux débats [7], toute participation directe ou indirecte à ces actes inouïs.

---

[1] Procès du comité de Nantes, déposition de la femme Laillet. *Moniteur* du 12 frim. an III.

[2] *Moniteur* du 4 frim. an III, p. 272.

[3] Procès de Carrier. Buchez, *Histoire*, etc., t. 35, p. 193 et 194.

[4] *Moniteur* du 10 niv. an III, p. 413.

[5] *Idem* du 18 frim. an III, p. 327.

[6] *Idem* du 5 frimaire, p. 277.

[7] *Idem* du 2 nivôse, p. 382.

Entre autres victimes nombreuses, 148 prêtres furent noyés dans la Loire, avec les bateaux à *soupape*; 90 le 17 brumaire, et 58 le 20 frimaire an II. Carrier rendit compte de ces noyades dans deux lettres qui furent lues à la Convention, l'une le 8 brumaire, l'autre le 25 [1], et insérées au *Moniteur*; mais il y présenta la mort de ces victimes comme le résultat d'accidents. Voici comment il raconte le dernier dans sa lettre du 20 frimaire [2] :

Cinquante-huit individus, désignés sous le nom de prêtres réfractaires, sont arrivés d'Angers à Nantes; aussitôt ils ont été enfermés dans un bateau sur la Loire; la nuit dernière, ils ont tous été engloutis dans cette rivière. Quel torrent révolutionnaire que la Loire !

Ce n'est pas tout. Un charpentier de Nantes, nommé *Affilé*, avait été employé par le comité révolutionnaire pour disposer les bateaux dits à *soupape*. Aux débats, il entra dans de grands détails à ce sujet, et produisit trois réquisitoires qu'il avait reçus, à cet effet, des membres du comité, et il raconta que n'ayant pas été payé de la première de ces expéditions, il remit son mémoire à Carrier, qui le fit payer au bout de peu de jours [3].

138. 7° D'avoir donné l'ordre au général Haxo de faire exterminer tous les habitants de la Vendée, et d'incendier toutes leurs habitations.

Cet ordre fut lu aux débats par le président; il était ainsi conçu [4] :

[1,2] *Moniteur* des 10 et 26 frim. an II, p. 283 et 347.
[3] *Bulletin du Tribunal révolutionnaire*, 6ᵉ part., n° 80, p. 317, 318.
[4] *Idem*, 7ᵉ part., n° 10, p. 39.

« Carrier, représentant du peuple, au général Haxo :

« Il vous est ordonné d'incendier toutes les maisons des rebelles, d'en massacrer tous les habitants et d'en enlever toutes les subsistances. »

« Je suis bien loin, dit Carrier, de désavouer ma lettre au général Haxo... Une proclamation de la Convention m'autorisait à agir ainsi [1]. »

139. Les accusés Moreau, dit *Grandmaison*, et *Pinard* furent déclarés complices de Carrier, pour une partie des faits reconnus constants à la charge de ce dernier. Les trente autres accusés furent tous acquittés, savoir, deux seulement comme non coupables absolument, et vingt-huit comme n'ayant pas agi dans des intentions criminelles et contre-révolutionnaires [2].

Ce verdict inattendu émut la Convention. Le 28 frimaire, sur la proposition de Lecointre (de Versailles), elle ordonna le renvoi du jugement aux Comités de législation et de sûreté générale, et dit que Goulin, Chaux, Bachelier et vingt autres accusés acquittés seraient mis en état d'arrestation provisoire jusqu'au rapport [3]. Le 30 nivôse, une députation des habitants de Nantes venait à la barre de l'Assemblée presser ce rapport [4]. Ce travail fut présenté le 9 ventôse [5]. Discuté sérieusement, le 2 floréal, il fut adopté seulement dans la disposition qui renvoyait ces accusés devant le Tribunal du district d'Angers pour y être

---

[1] *Bulletin du Tribunal révolutionnaire*, 6ᵉ part., p. 38.
[2] *Moniteur* du 10 niv. an III, p. 413.
[3] *Idem* du 30 frimaire, p. 375.
[4] *Idem* du 3 pluviôse, p. 506.
[5] *Idem* du 12 ventôse, p. 663.

jugés sur les délits ordinaires. A ce sujet Oudot fit remarquer la contradiction évidente qui existait dans deux réponses du jury, la première, notamment, déclarant l'accusé D'héron convaincu d'avoir « assassiné deux enfants qui gardaient paisiblement leurs troupeaux ; » la seconde portant qu'il n'était pas convaincu d'avoir « agi méchamment, avec des intentions criminelles » [1] !

140. *Loi du 8 nivôse an* III. — Le 8 nivôse, la Convention avait adopté, sans discussion, un projet de décret, présenté par Merlin (de Douai), et relatif à à *l'organisation du Tribunal révolutionnaire* [2]. Ce décret, qui ne comprenait pas moins de 76 articles, distribués en sept titres, réglementait d'une manière complète la *compétence*, la *composition*, le *service*, la *saisine*, la *procédure*, les *débats*, le *jugement* du Tribunal. Merlin y avait conservé *l'impair* des jurés (art. 27, 40), la *publicité* de la déclaration individuelle des jurés sur l'affaire (art. 61), l'interdiction du recours en cassation (art. 75) ; cependant les accusés trouvaient dans ce décret les principales des garanties qui les protègent aujourd'hui devant la Cour d'assises ; et c'est sous l'empire de cette loi humaine, pour le temps, que furent jugés Fouquier-Tinville et ses complices, les impitoyables applicateurs de la loi du 22 prairial an II.

---

[1] *Moniteur* des 5 et 6 floréal, p. 876 et 878.
[2] *Idem* du 10 nivôse an III, p. 415.

Procès de Fouquier-Tinville et autres membres du Tribunal du 22 prairial.

141. Après avoir félicité la Convention, le 10 thermidor, sur la révolution de la veille, et après avoir fait rapidement exécuter ses terribles décrets de mise hors la loi, Fouquier, malgré son dévouement banal, fut, le 14 thermidor, mis en état d'arrestation et envoyé au Tribunal révolutionnaire. Fréron demandait contre lui le décret d'accusation ; Turreau dit que c'était lui faire trop d'honneur, et l'on décréta simplement l'arrestation, aux applaudissements répétés de l'assemblée [1].

Le 21 thermidor, Fouquier écrivit à la Convention qu'il avait à lui communiquer des faits importants et nécessaires à sa justification, et il sollicita la faveur d'être admis à la barre. Le même jour il y fut admis et présenta, sur sa conduite au Tribunal, des considérations générales dans lesquelles il fit remonter la responsabilité de ses actes au Comité de salut public et surtout à Robespierre... « Il avait trouvé, dit-il, la loi du 22 prairial affreuse et en avait témoigné sa douleur, non au Comité, parce que Robespierre était toujours là pour vous fermer la bouche, mais à quelques membres du Comité de sûreté générale [2]. »

142. Les complices de Carrier avaient, d'abord,

---

[1] *Moniteur* du 15 therm. an II, p. 1290.
[2] *Idem* du 23 thermidor, p. 1323.

été seuls traduits devant le Tribunal; Fouquier, au contraire, fut poursuivi avant ses complices. C'est le 28 frimaire an III qu'il y parut seul, sur un acte d'accusation du 25. Les débats étaient commencés et l'on avait entendu le témoin Wolff, greffier au Tribunal du 22 prairial, dont j'ai cité si souvent les révélations, lorsque, le jour même, la Convention, émue par l'acquittement de la plupart des complices de Carrier (V. n° 139), décréta que le Tribunal serait renouvelé [1]; les débats furent aussitôt interrompus et la séance levée [2].

L'affaire ne fut recommencée que le 8 germinal suivant, au bout de deux mois et demi. Ainsi, depuis le 14 thermidor, Fouquier avait eu près de huit mois pour préparer sa défense. On a de lui, à ce sujet, entre autres écrits, un *Mémoire* pour Antoine-Quentin Fouquier, ex-accusateur public », etc. [3].

143. Les débats s'ouvrirent donc le 8 germinal [4] sous la présidence de Liger, vice-président du Tribunal; Cambon et Ardenne remplirent les fonctions d'accusateur public; il y avait onze jurés titulaires et plusieurs suppléants. A Fouquier étaient joints vingt-neuf autres accusés, découverts depuis le 28 frimaire, et traduits conjointement avec lui sur un acte d'accusation supplémentaire du 4 germi-

---

[1] *Moniteur* du 30 frim. an III, p. 375.
[2] Dossier de Fouquier, 1re pièce. Archives de l'Empire.
[3] In-4° de 20 pages. Bibliothèque du Louvre.
[4] Procès de Fouquier-Tinville, publié par Donzelot, in-4°, n° 2.

nal [1]. Un peu plus tard, un troisième (18 germinal) et un quatrième (23 germinal) acte d'accusation joignirent 9 autres accusés aux premiers ; total, 39. Mais, sur ce nombre, deux étaient malades : *Pigeau* et *Aubry;* six absents : *Gauthier, Didier, Bravet, Barbier, Félix* et *Liendon* [2]. — Étaient présents,

Et furent condamnés à mort [3] :

1. Fouquier, ex-accusateur public du Tribunal révolutionnaire ;
2. Foucault, ex-juge,
3. Scellier, ex vice-président,
4. Garnier-Launay, ex-juge,
5. Leroy, dit *Dix-Août,*
6. Renaudin,
7. Vilatte,
8. Prieur, } ex-jurés,
9. Châtelet,
10. Boyaval,
11. Girard,
12. Benoît, commissaire du conseil exécutif,
13. Lanne, adjoint à la commission de l'administration civile,
14. Verney, porte-clefs au Luxembourg, puis concierge à Lazare,
15. Dupaumier, ex-administrateur de police,
16. Herman, ex-président du Tribunal.

[1] La Convention, par un décret du 9 ventôse an III (*Moniteur* du 11), décida que l'accusateur public pouvait rédiger des actes supplémentaires tant que les choses étaient encore entières.

[2] Procès, etc., nos 31 et 32.

[3] Jugement rendu contre Fouquier, in-4°. Bibliothèque du Louvre.

Furent acquittés sur la *question intentionnelle*, seulement [1] :

17. Maire, ex-juge,
18. Harny, ex-juge,
19. Deliège, ex-vice-président,
20. Naulin,   idem,
21. Delaporte, ex-juge,
22. Lohier, ex-juge,
23. Trinchard,
24. Brochet,
25. Chrétien,   } ex-jurés,
26. Ganney,
27. Trey,
28. Guyard,
29. Valagnos.

Furent seuls acquittés et sur le fait et sur l'intention [2] :

30. Duplay, ex-juré (c'était l'hôte de Robespierre),
31. Beausire.

On ne trouve pas dans cette liste, *Dumas*, ex-président ; *Payan*, ex-juré, et *Coffinhal*, ex-vice-président du Tribunal ; ils avaient été mis hors la loi le 9 ou le 10 thermidor.

144. Jamais affaire, je l'ai déjà dit (n° 75), ne fut jugée avec plus de patience et de calme, plus de garanties pour les accusés. Si Fouquier, et les juges et jurés du 22 prairial, ses complices, avaient accordé aux malheureux, traduits devant eux, la dixième, la vingtième partie du temps qu'on leur accorda à eux-mêmes, presque tous ces infortunés auraient échappé à la mort ; ce n'eût pas été, il est vrai, le compte du Comité de salut public et de Robespierre.

[1], [2] Dit Jugement.

La première audience, celle du 8 germinal, fut occupée par les préliminaires [1]. Les 32 suivantes, du 9 germinal au 12 floréal [2], furent consacrées à l'audition des témoins au nombre de 419, savoir : 196 à charge et 223 à décharge. Ces derniers témoins avaient été, à ce qu'il paraît, trop multipliés, car, à l'audience du 9 floréal [3], plusieurs accusés renoncèrent à l'audition de leurs propres témoins.

Pendant les débats, les accusés purent s'expliquer avec la plus entière liberté, eux qui n'avaient pas voulu entendre ceux qu'ils avaient eu à juger. On voit dans le compte rendu de Donzelot [4], qui ne comprend que 20 séances sur 32, que Fouquier à lui seul prit 163 *fois* la parole.

Les séances du 12 au 16 floréal furent occupées par les plaidoiries. Cambon, substitut, soutint l'accusation. Fouquier, le 12 et le 13, parla pendant cinq heures et demie, et le 16 encore pendant quelque temps ; les 13, 14, 15 et 16 floréal la défense des autres accusés fut présentée par eux-mêmes ou par leurs défenseurs ; le résumé fut fait ; les questions posées. La délibération du jury dura quinze heures, non compris les déclarations, qui, à cette époque, se faisaient à haute voix devant le président du Tribunal. Le jugement fut prononcé le 17 floréal à 6 heures du soir, après 38 longues audiences [5].

145. Voici les faits déclarés constants par le jury contre Fouquier comme *auteur* et contre quinze

---

[1 à 3] Dossier de Fouquier, 6ᵉ pièce ; procès-verbal de la séance. Archives de l'Empire.

[4] Cité p. 148, note 4.

[5] Procès-verbal de la séance, cité note 1.

autres accusés ses *complices*. J'y ai ajouté des renvois aux points de l'histoire du Tribunal du 22 prairial où j'en ai parlé :

« La déclaration du jury de jugement porte à l'unanimité qu'il est constant qu'il a été pratiqué au Tribunal révolutionnaire, séant à Paris, dans le courant de l'an II de la République française, des manœuvres ou complots tendant à favoriser les projets liberticides des ennemis du peuple..., à provoquer la dissolution de la représentation nationale, etc.

Notamment :

En faisant périr, sous la forme déguisée d'un jugement, une foule innombrable de Français, de tout âge et de tout sexe, en imaginant, à cet effet, des projets de conspiration dans les diverses maisons d'arrêt de Paris et de Bicêtre ; en dressant ou faisant dresser dans ces maisons, des listes de proscriptions ;

En rédigeant de concert avec certains membres des anciens Comités de gouvernement, des projets de rapports sur ces prétendues conspirations, propres à surprendre la religion de ces Comités et de la Convention nationale, et à leur arracher des arrêtés et des décrets sanguinaires ;

En amalgamant dans le même acte d'accusation, mettant en jugement et faisant traduire au supplice, plusieurs personnes de tout âge, de tout sexe, de tout pays et absolument inconnues les unes des autres ; V. n° 107 ;

En requérant et ordonnant l'exécution de certaines femmes qui s'étaient dites enceintes, et dont les gens de l'art avaient déclaré ne pouvoir pas constater l'état de grossesse; V. n° 102 ;

En jugeant, dans deux, trois ou quatre heures au plus, trente, quarante, cinquante et jusqu'à soixante individus à la fois ; V. n°s 87 à 90 ;

En encombrant, sur des charrettes destinées pour l'exécution du supplice, des hommes, des femmes, des jeunes gens, des vieillards, des sourds, des aveugles, des malades et des infirmes ; V. n°s 79, 80 ;

En faisant préparer ces charrettes dès le matin, et longtemps avant la traduction des accusés à l'audience; n° 101 ;

En ne désignant pas, dans les actes d'accusation, les qualités des accusés d'une manière précise, de sorte que, par cette confusion, le père a péri pour le fils et le fils pour le père; V. n°s 113, 114, 118 ;

En ne donnant pas aux accusés connaissance de leur acte d'accusation, ou la leur donnant au moment où ils entraient à l'audience ; V. n° 94 ;

En livrant, avant la rédaction du jugement, la signature au greffier, sur des papiers blancs (V. n°s 100, 110 et 111), de sorte qu'il s'en trouve encore plusieurs, dans le préambule et le vu desquels se trouvent rappelées grand nombre de personnes, qui toutes sont exécutées, mais contre lesquelles ces jugements ne renferment aucune disposition; V. dits n°s ;

En n'écrivant pas ou ne faisant pas écrire la déclaration du jury au bas des questions qui lui étaient soumises ;

Lesquelles deux dernières prévarications, suite nécessaire de la précipitation criminelle des juges dans l'exercice de leurs fonctions, ont pu donner lieu à une foule d'erreurs et de méprises, dont une se trouve parfaitement constatée dans la personne de Pérès ;

En refusant la parole aux accusés et à leurs défenseurs; en se contentant d'appeler les accusés par leurs noms, âge et qualités, et en leur interdisant toute défense ; V. n° 95 ;

En faisant rendre, sous prétexte d'une révolte qui n'exista jamais, des décrets pour les mettre hors des débats ; V. n°s 59 à 61 ;

En ne posant pas les questions soumises au jury en présence des accusés ;

En choisissant les jurés, au lieu de les prendre par la voie du sort ; V. n° 81 ;

En substituant aux jurés de service d'autres jurés de choix ;

En jugeant et condamnant des accusés sans témoins et sans pièces (V. n° 88); ou en n'ouvrant pas celles qui

9.

étaient envoyées pour leur conviction ou leur justification ; V. n° 77 ;

En ne voulant pas écouter les témoins qui étaient assignés ;

En mettant en jugement des personnes qui ont été condamnées et exécutées avant la comparution des témoins, et l'apport des pièces demandées et jugées nécessaires pour effectuer leur mise en jugement ; V. n° 96 ;

En faisant conduire sur le lieu destiné au supplice d'un grand nombre d'accusés, et rester exposé pendant le temps de leur exécution, le cadavre d'un accusé qui s'était poignardé pendant la prononciation du jugement ; V. n° 50 ;

En donnant une seule déclaration sur tous les accusés en masse ; V. n° 98 ;

En proposant de saigner les condamnés, pour affaiblir le courage qui les accompagnait jusqu'à la mort; V. n° 82;

En corrompant la morale publique par les propos les plus atroces et les discours les plus sanguinaires ;

En entretenant des liaisons, des correspondances et des intelligences avec les conspirateurs déjà frappés du glaive de la loi.

Dans ce verdict, rendu après 37 jours de débats, est résumée l'histoire sanglante du Tribunal du 22 prairial ; après l'avoir lu on n'a rien à ajouter.

Le procès de Fouquier fut la dernière affaire importante jugée par le Tribunal du 23 thermidor. La Convention avait déjà commencé de rendre à la justice ordinaire son libre cours ; par un décret du 1ᵉʳ germinal, elle avait renvoyé aux tribunaux criminels la connaissance des provocations à la royauté, les actes de violence contre le gouvernement républicain ; le 12 prairial [1], sur le rapport de Porcher,

---

[1] *Moniteur* du 16 prair. an III, p. 1034.

elle décréta la suppression du Tribunal extraordinaire (ou révolutionnaire) créé par la loi du 10 mars 1793, et le remplaça par les tribunaux criminels.

Nous arrivons aux Tribunaux des départements. C'est là surtout que la justice révolutionnaire éclate dans toute sa hideur; ici (à Nantes) par le nombre de ses victimes bien plus grand qu'à Paris même, où il y eut tant d'immolations; là (à Lyon et à Nantes) par l'horreur inouïe des exécutions; presque partout par l'absence de toute défense, par la suppression du jury, par le petit nombre des juges, par la personnalité étrange de ces ministres de la loi, ignorants de ses plus vulgaires principes; enfin, par la rapidité des jugements, rapidité qui, à Lyon, à Strasbourg et ailleurs, dépassa de beaucoup celle des meilleures journées de Fouquier-Tinville sous l'empire de la loi Couthon!

DEUXIÈME PARTIE.

TRIBUNAUX RÉVOLUTIONNAIRES DES DÉPARTEMENTS.

§ 1ᵉʳ. — *Nombre et placement de ces Tribunaux.*

146. Le Tribunal révolutionnaire de Paris a fait tort à ceux des départements. Après avoir figuré à peu près seul dans le *Moniteur*, et fréquemment éveillé la sollicitude des Jacobins, ce Tribunal a absorbé l'attention des historiens de la révolution. Pourtant la justice révolutionnaire a marqué à la même époque dans la province; elle y a été rendue par des tribunaux extrêmement nombreux; quelques-uns très-occupés, notamment celui de Nantes, qui, dans six fois moins de temps, prononça bien plus de condamnations capitales que celui de Paris. Je ne puis donc les passer sous silence; mais, on le comprend, je parlerai seulement des plus importants, lesquels donneront une idée suffisante des autres : vouloir faire plus serait au-dessus de mon loisir et de mes forces. En effet, sous des titres différents, on a compté 143 [1] Tribunaux révolutionnaires dans les départements. C'est le nombre de ceux que

---

[1] C'est par erreur que, page 1ʳᵉ, j'ai dit cent quarante-*quatre*.

Prudhomme a mentionnés dans son *Dictionnaire*[1]. A sa première nomenclature qui sui[2], j'ai ajouté plusieurs noms * qui lui avaient échappé, et j'en ai retranché quelques-uns qui faisaient double emploi.

Liste des villes où il y a eu des commissions révolutionnaires.

Alençon *.	Granville.	Rennes.
Angers.	Haguenau.	Rochefort.
Arras.	La Haye.	Rochelle * (la).
Auxonne.	Laon.	Rodez.
Avesnes.	Laval.	Sables-d'Olonne (les).
Bayonne.	Liége.	St-Jean de Maurienne
Bois-le-Duc.	Lille.	Saint-Sever *.
Bordeaux.	Lorient*.	Saumur.
Brest *.	*Lyon.*	Savenay.
Bruxelles.	Mans (le).	*Strasbourg.*
Cambrai.	Marseille.	Toulon.
Cassel.	Mayenne.	Tours.
Château-Gontier.	Metz.	Valenciennes.
Craon.	Mézières.	Villefranche.
Doué.	*Nantes.*	Vitré.
Feurs.	*Orange.*	Wasslacheim.
Fontenay *.	Pont-de-Cé.	Ypres.
Gaillac.	Port-Malo.	

Il y en avait aussi dans les armées

Italie (d').	Pyrénées-Orientales (des).
Nord (du).	Rhin-et-Moselle (de).
Ouest (de l').	Sambre-et-Meuse (de).
Pyrénées-Occidentales (des).	

---

[1] *Dictionnaire des individus envoyés à la mort*, etc., 1797, 2 vol. in-8°.

[2] *Ibidem*, t. 1ᵉʳ, p. 16.

Malgré l'étendue de sa liste, Prudhomme avait omis plusieurs villes où des commissions ont siégé : *Alençon, Brest, Fontenay, Lorient, La Rochelle, Saint-Sever*.

Alençon avait été, en frimaire an II, pourvu d'une commission par le représentant Garnier ; cette commission jugeait expéditivement les prisonniers faits sur les Vendéens [1] ; on l'a déjà vu (n° 89).

Brest. Je lui ai consacré un § spécial (n° 155).

Fontenay et *La Rochelle.* C'est le représentant Lequinio qui avait, en frimaire an II, établi une commission dans chacune de ces villes [2] ; je parle plus bas (n° 148) de celle de La Rochelle.

Lorient. Prudhomme en fait mention dans son *Histoire générale* des crimes de la révolution, t. 5, p. 502.

Saint-Sever. Le 4 germinal an II, la commission extraordinaire de cette ville condamnait à mort l'huissier *Dumartin*, pour « correspondance avec les émigrés ; » ce jugement a été imprimé [3].

D'un autre côté, j'ai retranché, du tableau de Prudhomme, les villes de *Barr, Epfig, Schlestadt* et *Libourne*, parce qu'il n'y avait pas eu de commissions spéciales ; dans les trois premières villes, c'était celle de Strasbourg qui s'y était transportée, conduite par le célèbre Euloge Schneider (V. n°s 201 et suiv.) ; à Libourne avait siégé la commission de Bordeaux, envoyée par le représentant Tallien (V. n° 150).

147. La nomenclature de Prudhomme comprend les noms de plusieurs villes conquises en 1793 (Bois-

---

[1,2] *Moniteur* du 3 niv. an II, p. 374.
[3] *Catalogue de l'Histoire de France*, in-4°, t. 3, Convention, n° 1036. Bibliothèque impériale.

le-Duc, Bruxelles, Liége, Ypres). Les représentants en mission près des armées de la République victorieuses s'étaient hâtés d'y établir des commissions militaires ou révolutionnaires. C'était en vertu du décret du 30 avril 1793 [1], qui (art. 17) investissait les représentants en mission de *pouvoirs illimités*.

148. Qu'on ne s'étonne pas des expéditions de tels Tribunaux. Ces commissions n'étaient pas seulement instituées et leurs membres choisis par les représentants; quelquefois elles recevaient des instructions et des ordres sur la manière de juger. C'est un rapport fait à la Convention qui me fournit ce renseignement. A la séance du 28 nivôse an III, présentant un projet de décret sur la mise en liberté de 5 ou 600 Vendéens condamnés à la chaîne par la commission militaire de La Rochelle, Lequinio s'exprimait ainsi [2] :

« A mon arrivée dans la ville de La Rochelle, il y a quinze mois, je trouvai les prisons encombrées par 800 brigands environ ; ils avaient tous été pris les armes à la main dans la Vendée; tous étaient condamnables à mort, aux termes de la loi. Je formai une commission militaire pour les juger ; mais, réfléchissant que les pouvoirs illimités dont j'étais revêtu m'avaient été conférés pour faire le bien même de la manière la plus utile à la République, je pensai que je pouvais sauver la vie à 500 hommes, procurer, pour les travaux de La Rochelle, un grand nombre d'ouvriers, dont nous avions le plus pressant besoin, etc... J'*ordonnai* donc à la commission de juger, *conformément à la loi*, tous les ci-devant prêtres, bourgeois, nobles, maltôtiers ou con-

[1] Collection du Louvre, in-4°, t. 14, p. 208.
[2] *Moniteur* du 29 niv. an III, p. 492.

trebandiers et les déserteurs; en un mot tous ceux qui ne pouvaient avoir leur ignorance et le fanatisme aveugle pour excuse, et je *prescrivis* de ne condamner qu'aux travaux de la chaîne les laboureurs et ouvriers, que leur ignorance profonde avait livrés à la séduction des autres. Cinq ou six cents de ces malheureux sont, depuis cette époque, occupés aux travaux publics de La Rochelle... Je demande leur mise en liberté, etc. »

149. Enfin, Prudhomme [1] cite 83 Tribunaux criminels de département, comme ayant aussi jugé révolutionnairement; ce dut être en vertu du décret du 22 nivôse an II [2], qui autorisait les représentants à saisir ces Tribunaux des délits contre-révolutionnaires.

Voyons maintenant l'organisation et la procédure des commissions ou Tribunaux révolutionnaires de Bordeaux, Brest, Lyon, Nantes, Orange, Strasbourg. Tous ces Tribunaux ont eu leur caractère; tous ont offert des incidents spéciaux concernant leur manière de procéder, leurs condamnations ou l'exécution de leurs jugements.

[1] Dictionnaire, etc., t. 1ᵉʳ, p. 17.
[2] Collection du Louvre, in-4°, t. 17, p. 186.

§ 2. *Commission militaire de Bordeaux.*

150. Les représentants en mission à Bordeaux, Tallien, Ysabeau, Beaudot et Chaudron établirent une commission *militaire* dans cette ville, par un arrêté du 27 vendémiaire an II. Ce Tribunal était composé de sept membres : Lacombe, ancien maître d'école, *président ;* un ancien comédien ; trois artisans ; un ancien marchand et un jeune commis *juges.* — Une sous-commission, dite des *trois*, à cause du nombre de ses membres, traduisait devant la commission militaire ou mettait en liberté les détenus qui lui étaient préalablement livrés [1].

La commission militaire fonctionna aussi à *Libourne*, où Tallien et Ysabeau l'avaient envoyée [2], avec ses instruments de supplice. Arrivée le 3 brumaire dans cette ville, elle y siégea onze jours et y rendit soixante jugements ; cinq portant la peine capitale [3] ; les autres la détention ou des amendes considérables au profit de la République et des sans-culottes de Libourne [4].

151. Du 23 octobre 1793 au 9 thermidor an II, la commission de Bordeaux jugea 832 personnes de tout sexe et de tout rang ; 304 furent acquittées [5], *trois cent*

[1, 5] *Histoire de Bordeaux,* par M. Bernadau, 1837, in-8°, p. 223, 232.

[2] Lettre de Tallien du 29 brum. an II, *Moniteur* du 12 frimaire, p. 289.

[3] Le 14 brumaire, Tranchère, Chaperon et Roujeol. Le 16, Brudieu et Binet (Prudhomme, *Dictionnaire*, etc.).

[4] *Histoire de Libourne,* par M. Guinodie, 1845, in-8°, t. 2, p. 51.

quatorze condamnées à mort [1], 170 aux fers ou à la détention. — 104 furent frappées d'amendes, depuis le chiffre de 300, de 500 liv. jusqu'à 100,000, 200,000, 500,000, et même 1,200,000 liv. (Peixotto, banquier à Bordeaux [2]). Une portion notable de ces amendes était attribuée, par les jugements, aux *sans-culottes* de Bordeaux, etc., une autre à la fondation d'un hospice de bienfaisance projeté par les représentants. Les jugements portaient que le condamné garderait prison jusqu'au versement de la partie de l'amende attribuée aux sans-culottes.

Le total des amendes s'éleva à plus de *sept millions;*

Sur quoi, pour les sans-culottes, près d'*un million* [3] ;

Pour l'hospice de la bienfaisance, près de *douze cent* mille francs ;

Pour un temple de la Raison... cent mille francs [4].

[1,2] *Examen critique de l'Histoire de Bordeaux*, 1838, in-8° ; p. 96 à 125 est la liste alphabétique des victimes. — Ce chiffre de 314 condamnations à mort doit être exact ; j'en ai retrouvé 290 dans la collection des jugements imprimés de la commission de Bordeaux qui est à la bibliothèque impériale. V. *Catalogue de l'Histoire de France*, in-4°, t. 3, Convention, n°s 885 à 1140.

Dans son *Histoire des Girondins*, t. 7, p. 332, M. de Lamartine, avec son imagination ordinaire, porte à *sept cent cinquante* le nombre des exécutions à Bordeaux.

[3] Dans l'*Examen*, etc., il n'y a que 775,050 fr., mais l'auteur a omis 200,000 fr. du banquier Peixotto. Jugement du 26 frim. an II. *Catalogue de l'Histoire de France*, in-4°, t. 3, Convention, n° 930.

[4] *Examen*, etc., p. 126 à 132.

152. Les motifs des condamnations à mort étaient quelquefois un peu vagues. Furent condamnés à cette peine :

Comme *aristocrates*, le 18 nivôse an II, *Basseterre*, greffier de la municipalité ; le 1ᵉʳ nivôse, *Broussin*, prêtre ; le 24 messidor, *Pradelle*, médecin ;

Et comme *fanatiques* : le 7 thermidor, Marie Girau, religieuse ; le 8 thermidor, Marie Hélies, institutrice [1].

Pourtant (cet exemple est, à la vérité, le seul que je puisse citer de ce Tribunal), le 19 pluviôse an II, le sieur Loriague, négociant, ayant été acquitté, fut mis en liberté, après avoir reçu du président le baiser de fraternité [2].

153. L'esprit de la commission de Bordeaux peut être apprécié par la correspondance des représentants qui l'avaient établie. Le 30 vendémiaire an II, Tallien et ses collègues écrivaient à la Convention [3] :

« Le désarmement s'exécute aujourd'hui et donnera des armes superbes et en grande quantité à nos chers sans-culottes. Il y a des fusils garnis en or. L'or ira à la monnaie, les fusils aux volontaires, et les fédéralistes à la guillotine par jugement de la commission militaire que nous avons instituée... Les bons citoyens, fâchés d'être confondus sous le nom de *girondins*, nous ont priés de changer le nom de ce département en celui de *Bec-d'Ambès* » [4]...

---

[1] *Examen*, etc., p. 97, 99, 110, 112.
[2] Jugement de la commission de Bordeaux. *Catalogue de l'Histoire de France*, in-4°, t. 3, Convention, n° 984. Bibliothèque impériale.
[3] *Moniteur* du 7 brum. an II, p. 151.
[4] Ce nom fut, en effet, par un décret du 12 brumaire (*Moniteur* du 13, p. 176), donné au département de la Gi-

Le 29 brumaire, Tallien et Ysabeau écrivaient aux Jacobins de Paris [1] :

« Nous nous attachons à faire tomber les têtes des meneurs, des conspirateurs en chef; à saigner fortement la bourse des riches égoïstes »...

Ces intentions furent scrupuleusement suivies par la commission de Bordeaux.

154. Après le 9 thermidor, les Bordelais firent connaître à Garnier, représentant alors en mission, des prévarications de *Lacombe*, président de la commission. Garnier le fit arrêter, ainsi que sa femme et trois de ses complices, et chargea une commission de leur faire leur procès [2].

Le 27 thermidor, Lacombe fut condamné à la peine de mort, comme exacteur, concussionnaire, prévaricateur, corrupteur des mœurs et de l'esprit public, et comme tel traître à la patrie [3]. Il était entré en *composition* avec des accusés et les avait acquittés moyennant finance [4].

Le 3 brumaire suivant, furent condamnés « comme complices de tous les crimes de Lacombe » : Jean *Rey*, boulanger, à la peine de mort;

Pierre *Bizot* et Henri *Lacombe aîné*, à 20 ans de fers ;

Jeanne *Lagarde*, veuve de Lacombe, comme ayant participé à la corruption de son mari, à 20 ans de gêne [5].

---

ronde, qui ne reprit l'ancien qu'en vertu d'un décret du 25 germ. an III. *Moniteur* du 28, p. 847.

[1] *Moniteur* du 12 frim. an II, p. 289.

[2,4] *Histoire de Bordeaux*, etc., p. 230.

[3,5] *Catalogue*, etc., t. 3, Convention, n°s 1200, 1406.

§ 3. — *Tribunal révolutionnaire de Brest.*

155. Un Tribunal révolutionnaire fut établi à Brest, par un arrêté des représentants Tréhouart et Laignelot, du 17 nivôse an II. Composé de 4 juges, d'un accusateur public, d'un greffier et de 12 jurés, à l'instar de celui de Paris, il devait juger, sans recours en cassation, les citoyens que lui enverraient les Comités de surveillance des municipalités, et les autorités constituées des Tribunaux des côtes de Brest et de Lorient [1].

Cet arrêté fut pris aussitôt après l'arrivée à Brest du 3ᵉ des bataillons de la Montagne, formés à Paris et envoyés, d'abord, en Normandie, contre les Girondins. Laignelot était entré à la tête de ce bataillon, suivi d'Ance [2], exécuteur, et d'Hugues, accusateur public à Rochefort [3].

156. Le 21 pluviôse, le Tribunal fut installé dans

[1,3] A. Du Châtellier, *Brest et le Finistère sous la Terreur*, 1858; in-8°, p. 70.

[2] Voici comment cet Ance avait été nommé exécuteur :

Le 7 brum. an II, Lequinio et Laignelot écrivaient de Rochefort à la Convention (sur la nomination des membres du Tribunal révolutionnaire) : « Nous avons exposé le besoin d'un *guillotineur* à la société populaire : *Moi*, s'est écrié, avec un noble enthousiasme, le citoyen Ance, *c'est moi qui ambitionne l'honneur de faire tomber la tête des assassins de ma patrie...* D'autres se sont levés pour le même objet... Nous avons proclamé le citoyen Ance guillotineur, et nous l'avons invité à venir, en *dînant* avec nous, prendre ses pouvoirs par écrit et les arroser d'une libation en faveur de la République. » *Moniteur* du 24 brum. an II, p. 219.

la chapelle de l'hôpital. La veille, la municipalité de Brest avait reçu d'Hugues un réquisitoire la mettant en demeure « d'ordonner au charpentier de la commune de dresser le 21, à 7 heures du matin, la *sainte guillotine*, sur la place de la Liberté, où elle demeurerait en permanence »[1].

Le 21 pluviôse, étaient condamnés à mort et exécutés, trois officiers de marine : *de Rougemont*, lieutenant de vaisseau, *Kéréon*, enseigne, *de Montécler*, élève de marine.

Des commissions administratives, établies à Brest et dans les autres villes de la Bretagne suspectées de fédéralisme, ne tardèrent pas à remplir les prisons, où l'on compta jusqu'à 975 détenus dont 106 nobles, 239 femmes nobles, 174 prêtres ou religieux, 206 religieuses, 213 ouvrières, cultivateurs, artisans, etc.[2].

157. Le Tribunal de Brest fut ensuite réorganisé par un arrêté du Comité de salut public du 17 ventôse an II[3]. Cette ville, où il y avait eu, antérieurement, des manifestations contre Marat et contre Robespierre, avait attiré l'attention de ce dernier, qui, pour former le noyau du nouveau Tribunal, envoya deux juges de celui de Paris, Ragmey, pour y être président, et Douzé-Verteuil, accusateur public[4].

Cinq montagnards du bataillon venu de Paris siégèrent parmi les jurés. Le 20 ventôse, Ragmey et

---

[1] *Brest*, etc., p. 72.
[2] *Idem*, p. 103, 104.
[3] *Idem*, p. 114.
[4] Rapport de Génissieux à la Convention, le 16 prair. an III, *Moniteur* du 20, p. 1048, 1049.

Douzé-Verteuil étaient déjà rendus à Brest. Le 22 avait lieu la première séance, dans laquelle le sieur Hervé-Broustail était condamné à mort [1]. Un grand nombre de condamnations suivirent. M. Du Châtellier [2] en compte au moins 64, auxquelles il faut en joindre 8 autres, d'après les documents conservés aux Archives impériales, total 72 [3]. Le 3 prairial, le Tribunal condamnait à mort 26 administrateurs du Finistère qui étaient exécutés le même jour [4].

Auparavant, Le Gouy, quartier-maître à bord de l'*Impétueux*, condamné le 26 ventôse, avait été exécuté, au milieu de la flotte, en rade, sur le pont d'une gabare, où avait été installée spécialement la guillotine. « Ance, dit M. Du Châtellier, prit la tête du supplicié et l'offrit aux regards des équipages des vaisseaux voisins » [5].

158. Ragmey, Douzé-Verteuil, avaient apporté au Tribunal de Brest les plus impitoyables traditions de celui de Paris. On trouve, dans le rapport de Génissieux à la Convention, que j'ai déjà cité, des détails à cet égard.

« Deux des juges, trois des jurés étaient, en même

---

[1] *Brest*, etc., p. 114.

[2] *Brest*, etc., p. 73, 116 à 206.

[3] Dossiers du Tribunal de Brest. Archives impériales, section judiciaire.

Un magistrat qui a fait une étude spéciale des archives locales du Tribunal révolutionnaire de Brest, pense que ce chiffre de 72 est exact et que le nombre des condamnations à mort ne fut pas plus considérable. Lettre de M. Le Guillon Penauros, juge à Ploërmel, du 7 avril 1861.

[4] *Brest*, etc., p. 185, 187.

[5] *Idem*, p. 139, 140.

temps, membres du Comité révolutionnaire; tous l'étaient de la société populaire de Brest. D'où la conséquence que les affaires dénoncées dans la société, appréciées par le Comité, puis jugées par le Tribunal, trouvaient, souvent, dans le même individu, le dénonciateur, l'officier de police judiciaire et le juge souverain [1].

« Les détenus, traités, d'ailleurs, avec inhumanité, ne pouvaient faire parvenir aucune réclamation au dehors. On leur signifiait leur acte d'accusation la veille de l'audience, à l'heure où, dans la prison, les lumières étaient interdites; ils paraissaient, de grand matin, devant le Tribunal, sans avoir eu le temps de se recueillir ni de préparer leur défense [2].

« Aux débats les témoins à décharge étaient entendus en masse : ils étaient interrompus, intimidés; les défenseurs n'avaient pas de liberté [3].

« Les jurés laissaient apercevoir leurs dispositions malveillantes; les juges entretenaient une conversation par signes avec eux » [4].

« Souvent les charrettes étaient amenées, les cordes coupées, les instruments du supplice préparés avant que les débats fussent fermés [5].

« Lorsque la délibération des jurés se prolongeait, le Tribunal leur dépêchait son président, et un instant après les jurés reparaissaient, non pour absoudre, mais pour condamner [6].

« La guillotine était établie sur une place tellement voisine des prisons, que les détenus pouvaient, de leurs chambres, compter les têtes abattues [7].

A l'appui de ses appréciations, Génissieux [8] rap-

[1] à [8] Rapport de Génissieux, *Moniteur* du 20 prair. an III

pela trois affaires jugées par ce Tribunal : celles du sieur *Rigent,* juge de paix; *de Cadiou,* président, et de *Raby.* Les dossiers de la première et de la dernière sont aux Archives impériales [1]; j'y ai vérifié l'exactitude du récit de Génissieux. Dans nombre d'autres affaires que j'ai vues aussi (Rivière, Mingaut, Clech, Guillier, Chef-Dubois, Broustail, Penguilly, Legouy, Priniot, Abasque), le jugement de condamnation ne porte d'autre signature que celle du greffier [2] !

Avec un tel personnel et les traditions de Fouquier-Tinville, les accusations les plus étranges devaient être suivies de condamnations. Voici une affaire, échappée à M. Du Châtellier, qui, jugée après le 9 thermidor, eut une heureuse issue; elle mérite, suivant moi, une mention particulière.

159. *Affaire de la Carmagnole.* — Après le naufrage de la frégate *la Carmagnole* (30 ventôse an II), dans la rade de Cherbourg, sous le fort de Querqueville, un volontaire de garde à ce fort, trouva, sur la plage, près de la frégate, une *cocarde blanche* ! Cette découverte fut suivie d'une enquête, et l'on apprit qu'en mer, le sieur Rogueur, capitaine d'armes de la frégate, avait eu, dans une petite boîte, au fond de son coffre, *trois* cocardes blanches. Des camarades lui avaient dit de les brûler ou de les jeter à la mer, ce qu'il ne fit pas, ayant, dit-il, l'intention de convertir en cocardes nationales ces cocardes blanches, en y ajoutant du rouge et du bleu. Une information eut lieu, à la suite de laquelle les représentants en mission à Cherbourg renvoyèrent devant le Tribu-

[1,2] Section judiciaire.

nal révolutionnaire de Brest, « comme accusés de manœuvres tendant à rétablir la royauté, etc., » Rogueur et *quinze* autres officiers ou marins de *la Carmagnole*, parmi lesquels trois lieutenants et trois enseignes de vaisseau. Heureusement, à cause de la distance, leur translation prit un certain temps ; l'affaire ne fut jugée que le 22 thermidor, treize jours après la chute de Robespierre ; tous les accusés furent acquittés[1] !

Le Tribunal de Brest ne cessa ses opérations qu'à la fin de thermidor ; le 24 de ce mois, il prononçait encore une condamnation à mort [2].

160. Le 5 pluviôse an III (24 janvier 1795), une députation de Brestois vint signaler à la Convention la conduite sanguinaire de Douzé-Verteuil. La pétition fut renvoyée au Comité de sûreté générale, et le 16 prairial suivant, sur le rapport de Génissieux, dont j'ai déjà cité plusieurs passages, l'assemblée renvoya devant le directeur du jury d'accusation de Brest, dix-neuf juges ou jurés du Tribunal révolutionnaire, parmi lesquels Ragmey, président, Douzé-Verteuil, accusateur public, plus l'exécuteur Ance [3].

Je n'ai pu savoir exactement quel fut le résultat de cette poursuite [4]. Il paraît que Ragmey et quelques autres juges ou jurés ses complices, ayant quitté Brest, ne furent pas arrêtés. Ceux qui étaient déte-

---

[1] Dites Archives, affaire Rogueur, section judiciaire.
[2] A. Du Châtellier, *Brest*, etc., p. 243.
[3] *Moniteur* du 20 prair. an III.
[4] Lettre de M. le procureur impérial de Quimper, du 4 mars 1861.

nus n'étant pas encore jugés en vendémiaire an IV, furent mis en liberté, en vertu du décret du 22 de ce mois, qui « défendit les poursuites portant sur des délits non spécifiés par les lois pénales et ordonna la mise en liberté des individus accusés à ce titre. » Le 1er brumaire suivant, Douzé-Verteuil, détenu à Evreux, écrivait au comité de législation pour réclamer son élargissement [1]. Tous se perdirent ensuite dans la foule [2].

[1] Lettre de M. Levot, conservateur de la bibliothèque du port de Brest, du 28 mars 1861.
[2] Du Châtellier, *Brest*, etc., p. 225.

§ 4. — *Commissions militaire, populaire, révolutionnaire de Lyon.*

161. La justice fut rendue révolutionnairement à Lyon, du 12 octobre 1793 au 6 avril 1794 (17 germinal an II), par trois commissions, savoir : d'abord la commission de *justice militaire* et celle de *justice populaire*, qui siégèrent simultanément, puis la commission *révolutionnaire*, qui les remplaça toutes les deux. Cette dernière dépassa de beaucoup, par la rapidité des jugements et l'absence de garanties, le Tribunal de Paris, du 22 prairial an II.

162. *Commission militaire.* — Pendant le siége de Lyon, une commission *militaire* avait été instituée, près des représentants, au quartier général de l'armée assiégeante, pour juger les Lyonnais rebelles *pris les armes à la main*. Après la reddition de la ville (9 octobre 1793) cette commission vint y siéger, autorisée par Couthon [1]. Elle se composait de cinq juges militaires (avec 6 adjoints), présidés par l'un des titulaires [2] : d'abord Masset, chef du 1er bataillon de l'Ardèche, puis Grandmaison, commandant de gendarmerie. Elle jugea principalement les prisonniers faits lors de la dernière et malheureuse sortie de Précy. Du 12 octobre au 8 frimaire (28 novembre),

---

[1] Morin, *Histoire de Lyon, depuis la révolution de 1789*, 1847, in-8°, t. 3, p. 376.

[2] Guillon, *Mémoires sur Lyon*, etc., 1797 et 1824, in-8°, t. 2, p. 267.

elle tint 21 séances, et condamna 98 individus à la fusillade [1]; la première exécution eut lieu sur la place Bellecour [2].

163. *Commission de justice populaire.*—Une autre commission fut instituée, concurremment avec la précédente, sous le nom de commission de *justice populaire,* pour juger les Lyonnais rebelles qui n'avaient pas été pris les armes à la main. D'après un arrêté des représentants, du 11 octobre 1793 [3], cette commission était divisée en deux sections, une pour Lyon, l'autre pour Feurs ; chacune, composée de 5 juges, d'un accusateur public, d'un greffier et de jurés nommés par la municipalité de Lyon ou de Feurs ; elles jugeaient révolutionnairement sans appel ni recours en cassation.

La commission *populaire* de Lyon, présidée par Dorfeuille, reçut, le 1er frimaire (21 novembre), le nom de Tribunal *révolutionnaire*. Les préliminaires de l'instruction, dont elle n'était pas dispensée, retardèrent son activité. Sa première condamnation n'eut lieu que le 31 octobre (10 brumaire). En 26 séances, jusqu'au 9 frimaire (29 novembre), elle prononça 113 condamnations à mort [4], exécutées par la guillotine, sur la place des Terreaux, en face de l'Hôtel de Ville.

[1] Balleydier, *Histoire,* etc., *du peuple de Lyon pendant la Révolution française,* 1846, gr. in-8°, t. 3 ; pièces justificatives, p. cliij (liste des 98 victimes).
[2] A. Guillon, *Mémoires,* etc., p. 275.
[3] *Idem,* t. 2, p. 268.
[4] Balleydier, *Histoire du peuple de Lyon,* etc., t. 3, *ibid.,* p. clxiv.

Les jugements de cette commission sont régulièrement écrits sur un registre; ils contiennent le résumé du réquisitoire de l'accusateur public, une mention de la défense, la déclaration de culpabilité par les juges, la transcription des textes appliqués, enfin la condamnation et les signatures des trois juges et du greffier [1].

Mais, ni la commission *militaire* ni la commission *populaire*, ne fonctionnaient au gré des meneurs du temps. Le président Dorfeuille disait : « Les Tribu-
« naux *s'embarrassent dans les formes*, et ne savent
« pas se *passer de preuves* pour condamner ; il faut
« pouvoir se contenter de celle que *les fronts* indi-
« quent, afin de donner à la justice nationale un
« *mouvement* plus rapide [2]. » C'était le sentiment de Collot d'Herbois, arrivé d'abord pour remplacer Couthon. Lorsque Fouché l'eut rejoint à Lyon, tous les deux instituèrent la célèbre commission *temporaire* (arrêté du 20 brumaire an II), qui était un
« *supplément révolutionnaire* à toutes les autorités
« chargées, à Lyon et dans les départements du
« Rhône et de la Loire, de suivre la prompte exécu-
« tion des arrêtés des représentants, des décrets de
« la Convention, la punition des traîtres, etc. [3] » Deux jours après l'arrivée (25 novembre) d'un détachement choisi de l'armée révolutionnaire de Paris, commandé par l'ex-procureur Ronsin, et l'ex-avocat Parrein [4], Collot et Fouché établirent la célèbre commission *révolutionnaire* dont je vais parler.

---

[1] Lettre de M. Cuaz, conseiller à la Cour impériale de Lyon, du 14 avril 1861.

[2], [3] A. Guillon, t. 2, p. 351, 353.

[4] *Idem*, p. 396.

164. *Commission révolutionnaire.* — Cette commission fut établie par un arrêté des représentants du 7 frimaire (27 novembre 1793), dont voici les principaux considérants et le texte :

« Considérant que la justice est le plus fort lien de l'*humanité*; que son bras terrible doit venger *subitement* tous les attentats commis contre la souveraineté du peuple ; que chaque *moment de délai* est un outrage à sa toute-puissance ;

« Considérant que l'exercice de la justice n'a besoin d'autres *formes* que l'expression de la volonté du peuple ; que cette *volonté*, énergiquement manifestée, *doit être la conscience* des juges ;

« Considérant que presque tous ceux qui remplissent les prisons de cette commune, ont conspiré l'anéantissement de la République, médité le malheur des patriotes, et que par conséquent ils sont *hors de la loi;* que leur *arrêt de mort est prononcé;*

« . . . .

« Les représentants du peuple..... arrêtent :

« Art. 1ᵉʳ. Il sera établi dans le jour une commission révolutionnaire composée de sept membres.

« Art. 2. Les membres sont.....

« Art. 3. Cette commission fera traduire successivement devant elle tous les prisonniers, pour subir un dernier interrogatoire.

« Art. 4. L'innocent reconnu sera sur-le-champ mis en liberté et les coupables envoyés au supplice.

« Art. 5 et dernier. Tous les condamnés seront conduits en plein jour, en face du lieu même où les patriotes furent assassinés, pour y expier, sous *le feu de la foudre,* une vie trop longtemps criminelle » [1].

165. La commission, du 14 frimaire (4 décembre

---

[1] Morin, *Histoire de Lyon,* t. 3, p. 456.

1793) au 17 germinal an II (6 avril 1794), tint 58 séances, dans lesquelles furent prononcés 1682 condamnations à mort ; 162 à la détention et 1684 acquittements [1]. Ce sont les chiffres établis par la commission elle-même [2].

Le 16 frimaire, les 5 et le 17 germinal il n'y eut que 2 condamnations capitales par jour; mais, le 14 frimaire, à la première séance, il y en avait eu 60, et le lendemain 15, jusqu'à 209 [3]. En supposant que la séance du 15 eût duré cinq heures, cela ne faisait pas tout à fait UNE MINUTE ET DEMIE par tête. Nous verrons bientôt comment s'exécutaient ces prétendus jugements.

166. La commission, qui devait être composée de *sept* juges, ne le fut que de cinq, par suite de divers refus [4]. C'était, du reste, le nombre fixé par la Convention, dans l'art. 1er de son décret du 12 octobre 1793, qui ordonnait la *destruction* de la ville de Lyon [5].

Ces cinq juges étaient : *Parrein* (commandant sous Ronsin de l'armée révolutionnaire), président; *Corchand*, *Lafaye*, *Burnière* et *Fernex*, juges [6].

---

[1] Morin, *Histoire de Lyon*, t. 3, p. 471 ; Balleydier, *Histoire du peuple de Lyon*, etc., Liste des victimes lyonnaises, t. 3, p. clxiv à ccxxv.

[2] *Moniteur* du 26 prair. an II, p. 834.

[3] Balleydier, etc., *ibidem*.

[4] A. Guillon *Mémoires*, etc., t. 2, p. 398.

[5] Morin, *Histoire*, etc., t. 3, p. 381.

[6] Delandine, *Tableau des prisons de Lyon*, 1797, in-12, p. 223 et s.; M. Louis Blanc, *Histoire de la Révolution*, t. 10, p. 183.

La commission se réunissait, le matin, de 9 heures à midi ; le soir, de 7 heures à 9 heures, dans une salle de l'Hôtel de Ville de Lyon, dont le plafond représentait des *grâces,* des *amours* et des *jeux* [1].

Pour toute information préliminaire on avait des notes sur les prisonniers, envoyées par la commission *temporaire*, qui recevait les dénonciations et en tenait registre [2].

Les prisonniers, extraits des caves de l'hôtel, où ils avaient été amenés des autres prisons de la ville, attendaient leur tour dans le vestibule de la salle d'audience. De là on les introduisait individuellement, environ sept par quart d'heure (ce qui faisait DEUX MINUTES 8 SECONDES par tête), devant la commission, et voici, d'après un témoin oculaire, comment il était procédé au jugement, je pourrais dire à l'envoi au supplice.

167. Une longue table partageait la salle et supportait 8 flambeaux ; derrière étaient les juges, coiffés de chapeaux montés à panaches rouges ; en uniforme, avec épaulettes, et sabres à poignée luisante ; une petite hache brillante, sur la poitrine, suspendue à un ruban tricolore en sautoir.

L'accusé était placé devant eux sur une sellette, avec deux gendarmes à ses côtés ; et, derrière lui, le guichetier qui l'avait amené [3].

L'interrogatoire était précis et court ; trois questions d'ordinaire : « Quel est ton nom, ta profession ? Qu'as-tu fait pendant le siége ? Es-tu dénoncé ? » La réponse à cette dernière question était vérifiée

---

[1] à [3] Delandine, *ibidem*.

sur les pièces envoyées par la commission *temporaire* [1].

La décision ne se faisait pas attendre. Dans les premiers temps elle était exprimée par un signe connu du guichetier, qui le transmettait ensuite au dehors pour l'exécution. Lorsque les juges touchaient leur *hache*, c'était la guillotine; pour la fusillade, ils portaient la main au *front;* ils étendaient le bras sur la *table* pour accorder la liberté [2].

Ces signes furent souvent mal compris, et plus d'un prisonnier fut victime de l'erreur. Alors on plaça deux registres sur la table, l'un devant le président Parrein, pour y inscrire les noms des acquittés; l'autre devant Corchand, pour y inscrire ceux des condamnés [3].

168. Mais la commission condamna-t-elle bien par signes? Et Delandine, dans le récit précédent, qui a servi de type à tous les historiens qui ont touché à cette période sanglante des annales lyonnaises, Delandine ne se serait-il pas trompé? Voici ce qui a été découvert à ce sujet.

A ma prière, des recherches ont été faites dans les archives judiciaires de Lyon [4]; les deux registres mentionnés par Delandine n'y ont pas été trouvés; on a supposé que ces documents n'avaient pas existé. En effet, il y a, pour chaque séance, une sorte de jugement qui contient les noms des condam-

---

[1] Delandine, *Tableau des prisons de Lyon*, 1797, in-12, p. 240.

[2,3] *Idem*, p. 227; M. Louis Blanc, t. 10, p. 184.

[4] Lettre de M. Cuaz, conseiller à la Cour impériale de Lyon, du 21 avril 1861.

nés, le quantième du mois, et les signatures des juges. Ces actes semblent exclure les condamnations par signes, et jusqu'aux registres dont parle Delandine. Voici, au surplus, dans sa teneur, le premier jugement rendu par la commission, le 14 frimaire an II, jour de sa première séance. Je reproduis jusqu'à l'ortographe de cette pièce, d'après un calque qui a été levé sur l'original [1].

(1re page.) La commission révolutionnaire établie à Ville-Affranchie par les représentants du peuple ;
Considérant
Qu'il est instant de purger des *rebels* à la volonté nationale ;
De ces hommes qui convoquèrent et protégèrent à main armée le congrès départemental de Rhône-et-Loire ;
De ces hommes qui portèrent les armes contre leur patrie, égorgèrent ses défenseurs ;
De ces hommes qui, complices des tyrans, fédéralisaient la République, pour, à l'exemple de Toulon, la livrer à ses ennemis et lui donner des fers ;
Vu les interrogatoires subis par les *c'y* après nommés, et attendu que la commission révolutionnaire est convaincue qu'ils ont tous porté les armes contre leur patrie, ou conspiré contre le peuple et la liberté ;
La commission révolutionnaire condamne à mort :
Antoine Marietan, Jacques Riverieux, Camille Meunier,
(Et 48 autres individus, dont les noms sont disposés sur trois colonnes).
(2e page.) 9 autres noms sur une seule colonne, total 60.
En conséquence, la commission révolutionnaire charge de l'exécution du présent jugement le commandant de place de Commune-Affranchie.
Ainsi prononcé, d'après les opinions des sieurs Mathieu

---

[1] Lettre de M. Cuaz, conseiller à la Cour impériale de Lyon, du 21 avril 1861.

Parcin, président ; d'Antoine *Lafaye* aîné, Pierre-Aimé *Brunière*, Nicolas *Andrieu* et Joseph *Fernex*, tous membres de la commission.

Le 14 frimaire, l'an second de la République française, une, indivisible et démocratique (*suivent cinq signatures*).

En marge on lit : « Le présent jugement sera imprimé et affiché partout où besoin sera. »

Au-dessous est l'empreinte, en cire rouge, d'un sceau représentant la Liberté, qui s'appuie d'une main sur un faisceau, et de l'autre sur une lance surmontée d'un bonnet, avec cet exergue : *Commission révolutionnaire, mort aux* REBELS.

169. Un certificat du même jour, du général de brigade commandant la place de Commune-Affranchie, signé *Dellaye*, constate que les criminels dénommés dans le jugement qui précède ont été fusillés dans la *pleine* des Brotteaux [1]. Il paraît constant, malgré la teneur de ce certificat, que ces 60 victimes périrent sous le feu du canon. — Lorsque la guillotine était employée, le procès-verbal de l'exécution était dressé par un huissier [2]. Je reviens à la manière de juger de la commission.

170. Trop fréquemment la décision appartint au président seul. A la *gauche* de Parrein siégeaient Corchand et Fernex, qui condamnaient presque toujours ; à sa *droite* Lafaye et Brugnière, qui acquittaient très-habituellement ou n'opinaient que pour la détention. Cette position, leur penchant à l'indulgence, les avaient fait surnommer le *côté droit*, les

---

[1], [2] Lettre de M. Cuaz, conseiller à la Cour impériale de Lyon, du 21 avril 1861.

aristocrates du Tribunal. Entre ces quatre juges, d'un avis opposé, Parrein flottait irrésolu : la vie et la mort, tenant à un fil fragile, dépendaient de lui seul : de sa bonne ou mauvaise humeur; des nouvelles publiques qu'il avait reçues. Delandine raconte que, lorsqu'il parut devant la commission, il entendit Parrein dire, à voix basse : « Deux contre deux; que faire donc! Ton devoir », lui répliqua Lafaye. Corchand tenait déjà la plume fatale, mais Parrein sauva Delandine, en se réunissant au *côté droit* [1].

171. Parmi leurs exécutions, ces juges, soi-disant, eurent des inspirations et des émotions soudaines qui ont été recueillies.

Un prêtre espérait échapper en se faisant athée. « Crois-tu en Dieu? lui fut-il demandé. — Peu », répondit-il, et le président répliqua aussitôt : « Meurs, infâme, et va le reconnaître » [2] !

Un autre prêtre, à qui on demandait ce qu'il pensait de Jésus, répondit qu'il le soupçonnait d'avoir trompé les hommes. « Cours au supplice, scélérat, lui cria-t-on; Jésus tromper les hommes! lui qui leur prêcha l'égalité; lui qui fut le premier et le meilleur sans-culotte de la Judée » [3] !

Un accusé se nomma *Calas*. « Es-tu parent, lui demandèrent les juges, de ce Calas que les parlementaires ont fait rouer? » Sur sa réponse affirmative : « Sois libre, lui dit-on, ton parent te sauve » [4].

Une jeune fille éplorée, au désespoir, pénétra dans

---

[1] Delandine, *Tableau*, etc., p. 229.
[2,3] *Idem*, p. 247; M. Louis Blanc, *ibid.*
[4] Delandine, *ibid.*, p. 244.

la salle en s'écriant: « Mes frères ont été fusillés, mon père a péri; vous m'avez enlevé ma famille; que faire, seule au monde? De grâce, faites-moi mourir! » Et elle se jeta aux pieds de ses juges pour les supplier. Corchand et Fernex, eux-mêmes, furent émus. « Relevez-vous, jeune fille, lui dit l'un d'eux, vous avez beau demander la mort, nous voudrions bien vous accorder votre demande, mais nous ne le pouvons pas » [1].

172. La décision rendue, le guichetier emmenait l'accusé, et le faisait descendre, s'il était condamné, dans une cave de l'hôtel, dite la *mauvaise*, et s'il était acquitté, dans une autre, dite la *bonne* cave [2]. Quelquefois, un jour de décade, on amenait au bas du perron de l'Hôtel de Ville, sur la place des Terreaux, des prisonniers qui avaient été acquittés; les juges, du balcon, prononçaient la sentence d'absolution, au bruit de l'artillerie, et aux applaudissements des clubistes qui avaient été convoqués [3]. *V*. n° 173, la lettre d'Achard.

De la *mauvaise* cave les condamnés étaient, le jour même, conduits au supplice. Ceux que les juges avaient désignés, en touchant la *hache*, allaient (la plupart, en chantant!)[4] place des Terreaux, à la guillotine, dont les prisonniers demeurés dans les *caves*, pouvaient nombrer les coups [5]!

Ceux qui avaient été désignés, par la *main au front*, étaient menés, de l'autre côté du Rhône, dans

---

[1] Delandine, *Tableau*, etc., p. 244.
[2] *Idem*, p. 248, 250.
[3] A. Guillon, *Mémoires*, etc., t. 3, p. 69.
[4,5] Delandine, p. 239, 180.

les allées des Brotteaux, à la canonnade ou à la fusillade. Le canon fut employé, le 14 frimaire, à l'égard de 60 condamnés [1]; la fusillade, le 15, à l'égard de 209. On trouve, dans les mémoires du temps, des récits détaillés de ces deux boucheries [2]. M. Louis Blanc les a reproduits avec les termes d'une vive indignation [3] : je lui emprunte deux passages relatifs à l'exécution du 14 frimaire.

« Au moment de mourir, les 60 condamnés avaient entonné le chant girondin : le bruit du canon les interrompit.. Les uns tombent pour ne plus se relever; les autres, blessés, tombent et se relèvent à demi; quelques-uns sont restés debout. O spectacle sans nom! Les soldats franchissent les fossés et réparent, à coups de sabre, les erreurs commises par le canon. Ces soldats étaient des novices; l'égorgement dura... La prolongation du massacre fut avouée, en pleine Convention, par Collot-d'Herbois lui-même, dont voici les propres paroles : « Ces dispositions terribles ne furent pas « assez rapides et leur mort a duré trop longtemps » [4]!

« Pendant ce temps, une nombreuse et gémissante armée de femmes en deuil se dirigeait vers la demeure des proconsuls, que gardaient des artilleurs, la mèche fumante à la main. Repoussées et menacées, elles se retirèrent. Deux d'entre elles étaient soupçonnées d'avoir provoqué l'attroupement. « On les distingua, dit Collot, à leur parure recher-. « chée et à leur audace : elles furent arrêtées et le Tribunal municipal les condamna, par forme correctionnelle, à être *exposées*, pendant deux heures, *sur l'échafaud* » [5].

---

[1] *Moniteur* du 4 niv. an II, p. 379; Rapport de Collot-d'Herbois.
[2] Delandine, p. 142, 147.
[3] *Histoire*, etc., t. 10, p. 179, 182.
[4] *Moniteur* du 24 niv. an II, p. 457.
[5] *Idem*, p. 457; et M. Louis Blanc, *loc. cit.*

173. Après la canonnade, vint la fusillade. En sept jours, du 15 frimaire au 1ᵉʳ nivôse (8 au 21 décembre), 488 individus furent exécutés de la sorte. L'abbé Guillon raconte [1] que le jour d'une de ces exécutions les représentants avaient à dîner un conventionnel de passage à Lyon, et Ronsin, le général de l'armée révolutionnaire, et qu'au bruit d'une décharge meurtrière, Ronsin et les autres convives levèrent leurs chapeaux en criant : « Vive la République ! mort aux traîtres »! Cette démonstration n'a rien qui doive étonner, si l'on prend garde à la correspondance des représentants en mission à Lyon, et de leurs adjoints, à cette époque; en voici quelques passages :

Le 15 frimaire an II, Fouché écrivait au Comité de salut public [2] :

P. S. Nous n'avons qu'une manière de célébrer la victoire (la prise de Toulon) ; nous envoyons ce soir deux cent treize rebelles sous le feu de la foudre.

Le 17, Achard écrivait à Gravier, juré au Tribunal révolutionnaire de Paris [3] :

« Frère et ami, encore des têtes, et chaque jour des têtes tombent ! Quelles *délices* tu aurais goûtées, si tu eusses vu, avant-hier, cette justice nationale de 209 scélérats (Fouché disait 213) ! Quelle *majesté !* Quel ton imposant ! *Tout édifiait...* Aujourd'hui, de pauvres diables seront innocentés publiquement ; on les embrassera, on les élèvera aux nues. Quel sentiment pour le peuple, qui nous croit des brigands amants du sang ! »

---

[1] A. Guillon, *Mémoires*, etc., t. 2, p. 431.
[2] *Moniteur* du 5 niv. an II, p. 383.
[3] Buchez, *Histoire parlementaire*, t. 30, p. 416.

Le 22 frimaire, Pelletier, *commissaire national*, écrivait à la Commune de Paris [1] :

Les représentants ont substitué aux deux Tribunaux révolutionnaires, sans cesse *embarrassés par les formes*, un comité de sept (cinq) juges, qui statue sommairement, et dont la justice est aussi *éclairée* qu'elle est *prompte*.

Le 14 frimaire, 60 scélérats ont subi la peine due à leurs crimes par la fusillade (la canonnade) ;

Le 15, 208 ont subi le même sort ;

Le 17, on a acquitté 60 innocents avec éclat ;

Le 18, 68 rebelles ont été fusillés et 8 guillotinés ;

Le 19, 13 ont été guillotinés ;

Le 20, 50 innocents ont été mis en liberté ;

Le 21, la fusillade en a détruit en masse 53, etc.

« Le Conseil applaudit aux détails contenus dans cette lettre » [2].

En lisant cette correspondance, on croit rêver.

174. Cependant, les Lyonnais avaient pu faire entendre leurs plaintes à la Convention. Le 30 frimaire, une pétition éloquente, rédigée par Fontanes [3], alors caché à Lyon, fut apportée par une députation à l'Assemblée ; elle y produisit un grand effet, et fut renvoyée aux Comités de salut public et de sûreté générale [4]. Mais, dès le lendemain soir, Collot-d'Herbois, qui était revenu, présenta à la Convention un long et décevant rapport [5] sur les évène-

---

[1,2] *Moniteur* du 30 frim. an II, p. 361.

[3] Il n'y a au *Moniteur* (2 niv. an II) qu'une partie de cette pétition ; elle est tout entière dans l'*Histoire de Lyon*, par M. Morin, t. 3, p. 495.

[4] *Moniteur* du 2 nivôse, p. 367.

[5] *Idem* des 23 et 24 nivôse.

ments de Lyon, et fit approuver la conduite des représentants en mission dans cette malheureuse ville [1].

La commission révolutionnaire poursuivit donc ses travaux, jusqu'à ce que « dans les prisons de Commune-Affranchie, il ne restât plus ni coupable qui appelât sur sa tête le glaive de la loi, ni victimes innocentes à rendre à la liberté; » c'est ce que porte textuellement un arrêté de la commission du 17 germinal an II, lu à la Convention, le 24 germinal [2], avec une lettre d'envoi des représentants Reverchon, Meaulle et Laporte, les successeurs de Collot et de Fouché à Lyon.

Le 17 germinal, dans sa dernière séance, la commission, par un jugement, cette fois longuement motivé, avait condamné à mort l'exécuteur de Lyon, Ripet et son aide Bernard, l'un et l'autre considérés « comme *dépositaires de l'autorité publique*, pour avoir procédé (le 16 juillet 1793) à l'exécution de Chalier [3] et de Riard [4]. » C'était clore dignement la série d'opérations dont je viens d'esquisser l'histoire.

Ce ne fut qu'après le 9 thermidor, et par décret du 16 vendémiaire an III, que la Convention rendit son nom de Lyon à Commune-Affranchie [5].

---

[1] *Moniteur* du 4 nivôse, p. 379.
[2] *Idem* du 26 germinal, p. 834.
[3] A. Guillon, *Mémoires*, etc., t. 3, p. 132.
[4] Chalier avait été condamné à mort pour avoir provoqué et Riard pour avoir dirigé les massacres qui eurent lieu à Lyon, le 29 mai 1793. A. Guillon, *idem*, t. 1ᵉʳ, p. 294.
[5] *Moniteur* du 19 vend. an III, p. 90.

§ 5. *Commission militaire de Nantes.*

175. « Passer de Lyon à Nantes, dit M. Louis Blanc [1], de Collot-d'Herbois et Fouché à Carrier, c'est enfoncer dans le sang. » En effet, la commission militaire de Nantes prononça, et dans un temps aussi court, beaucoup plus de condamnations que les commissions de Lyon, et l'exécution de ses victimes n'eut pas moins de retentissement ; les *noyades* de Carrier valaient bien les *mitraillades* de Collot-d'Herbois.

Les tribunaux extraordinaires ne datent pas, à Nantes, du temps de Carrier; même avant le siége de cette ville (29 juin 1793), par les Vendéens, il y eut un Tribunal extraordinaire établi (13 mars 1793), par les corps administratifs de Nantes, pour juger, *sans appel*, avec des jurés, les prisonniers faits sur les révoltés. Il se divisait en deux sections, et prononça, à ce qu'il paraît, de nombreuses condamnations capitales [2]

176. Mais le véritable Tribunal révolutionnaire fut établi par Carrier et son collègue Francastel (Arrêté du 1ᵉʳ novembre 1793), sous le titre de *Commission militaire* [3], et ainsi composé : un président, quatre juges, un accusateur public et un greffier [4].

---

[1] *Histoire de la Révolution*, t. 10, p. 186.
[2] Lescadieu, *Histoire de la ville de Nantes*, t. 2, p. 25, 29, 71.
[3] Mellinet, *La Commune et la Milice de Nantes*, t. 8, p. 187.
[4] Lescadieu, *ibid.*, t. 2, p. 74.

Comme à Lyon, cette commission subissait l'influence d'un Comité révolutionnaire, où se trouvaient les hommes les plus exaltés [1]; parmi lesquels Moreau, dit *Grandmaison*, et *Pinard*, qui furent condamnés à mort avec Carrier, le 25 frimaire an III (V. n° 139).

177. Une force armée composée d'une soixantaine d'hommes perdus, et dite compagnie *Marat*, fut formée en même temps, par Carrier, et chargée d'opérer les visites domiciliaires et d'arrêter les suspects [2]. Les *Marat* prêtaient un serment dont la formule, tracée par le Comité révolutionnaire, dépasse toute croyance. En voici un passage : « Je jure *mort* aux royalistes, aux fanatiques, aux muscadins, aux feuillants, aux *modérés*, de quelque *couleur*, de quelque *masque*, de quelque *forme* qu'ils se revêtent. » [3].

178. Avec un tel personnel, tout motif de condamnation était admissible.

Le boulanger Benoist fut condamné à mort, pour vente de *pain* à faux poids; Pierre Poiron, pour avoir offert un *canard* à un poste qui lui refusait l'entrée de la ville sans passe-port. D'autres le furent sur une des notes suivantes :

« Avoir eu un gilet à fleurs de lis. — Être taré. — Aristocrate fieffé. — Prôneur des Girondins. — Accapareur de navets. » [4].

179. Quel fut le nombre des victimes de la com-

---

[1] Lescadieu, *Histoire*, etc., t. 2, p. 74.
[2] M. Louis Blanc, *ibid.*, p. 191.
[3] Mellinet, *La Commune*, etc., p. 258, 259.
[4] *Idem*, p. 164, 165.

mission militaire de Nantes? C'est ce que je n'ai pu découvrir; et il ne paraît pas qu'on l'ait bien su dans le pays même [1]. Ce qui est certain d'abord, c'est que ce nombre n'est pas inférieur à 2,217, chiffre des condamnés de cette commission, individuellement relevés par Prudhomme [2] ; mais, d'après Carrier lui-même, le nombre des condamnations se serait élevé au moins à 4,000. Pendant les débats de son procès, il disait : « J'ai entre les mains une lettre du président de la commission, par laquelle il me mande qu'il s'occupe tellement de déterminer le sort des brigands, que la commission en juge 150 par jour, et qu'il évalue la totalité des brigands jugés à 4,000 [3]. » Et certainement la commission ne cessa pas de siéger au moment où cette lettre fut adressée à Carrier.

La commission de Nantes, pour être exactement appréciée dans les résultats de son action, ne doit pas, suivant moi, être considérée isolément des autres Tribunaux semblables, établis, durant la même période, autour de Nantes et dans le même objet : « Le jugement des *brigands de la Vendée,* » notamment à Savenay, aux Sables d'Olonne, à Angers, Saumur, Château-Gontier, Craon, Le Mans, Laval, Vitré, Rennes, et jusqu'à Port-Malo et Granville. Quelques unes de ces commissions prononcèrent un grand nombre de condamnations capitales; Prudhomme [4] en mentionne 629 pour la seule commission de Savenay, la plus voisine de Nantes.

---

[1] Mellinet, *La Commune,* etc., p. 170.

[2,4] *Dictionnaire des individus envoyés à la mort,* etc., 1797, 2 vol. in-8°.

[3] *Bulletin du Trib. révolutionnaire,* 7ᵉ part., n° 8, p. 29.

180. Quant aux *formes* suivies par la commission militaire, comme à Paris, comme à Lyon, elles étaient des plus simples. Déjà, avant le proconsulat de Carrier, l'instruction à l'audience se bornait à cette seule question, habituellement suivie de la même réponse [1] :

D. Vous êtes accusé d'avoir porté les armes contre la République?

R. J'y ai été contraint. On est venu chez moi, et, le pistolet sur la gorge, on m'a sommé de marcher contre les bleus; mais je l'ai fait contre mon gré.

Il n'est pas présumable que le Tribunal établi par Carrier se fût imposé plus de cérémonie.

181. Mais ce sont les *exécutions* des jugements de la commission militaire qui ont surtout occupé la renommée. Je voudrais et ne crois pas pouvoir me dispenser d'en parler; à cette affreuse page de l'histoire de la Révolution, je ne prendrai, du moins, que les faits principaux et les mieux prouvés.

Comme à Lyon, il y eut la *guillotine* et la *fusillade*; de plus qu'à Lyon, la *noyade* et la *sabrade*.

182. L'instrument inventé par le docteur Guillotin [2] ne suffisant plus, Carrier employa la fusillade. Le 30 frimaire an II, il écrivait à la Convention [3] :

« La défaite des brigands est si complète, que nos postes les tuent, les prennent et les amènent à Nantes par cen-

---

[1] Lescadieu, *Histoire*, etc., t. 2, p. 71.
[2] V. mon Traité de l'*Exécution des jugements et des peines*, 1846, in-8°, p. 27, note 5.
[3] *Moniteur* du 8 niv. an II, p. 393.

taines ; la guillotine ne peut suffire ; j'ai pris le parti de les faire fusiller ; ils se rendent ici et à Angers... J'assure à ceux-ci le *même sort* qu'aux autres. — J'invite mon collègue Francastel à ne pas s'écarter de cette *salutaire* et expéditive méthode, etc. C'est par principe d'*humanité* que je purge la terre de la liberté de ces monstres. »

Aux débats de son procès, Carrier ne désavoua pas cette lettre, qui avait, dit-il, reçu la sanction de la Convention et avait été insérée au *Moniteur* [1].

Ces exécutions eurent lieu principalement aux carrières de Gigand et sur la prairie de Mauves ; là on fusilla un très-grand nombre d'hommes (trois mille, peut-être), quantité de femmes et jusqu'à des enfants de moins de 12 ans. Les historiens de Nantes [2], le procès de Carrier fournissent, sur ces exécutions, des détails que je ne reproduirai pas, hors un seul qui donnera une idée des autres : « Aux carrières de Gigand, dit le témoin Debourges [3], les cadavres, nus, de 75 très-jeunes femmes, restèrent exposés aux regards, trois jours, avant de recevoir la sépulture. »

Puis vinrent les *noyades* dans la Loire. Je n'ai fait qu'effleurer ce sujet (n° 137), en analysant le procès de Carrier. Les débats de ce procès ont été imprimés dans plusieurs recueils [4] ; on y trouvera les plus

---

[1] Buchez, *Histoire parlementaire*, t. 34, p. 165, 201.

[2] Lescadieu, *Histoire de Nantes*, t. 2, p. 105, 116 ; Mellinet, *la Commune de Nantes*, t. 8, p. 297 à 310 ; Guépin, *Histoire de Nantes*, 1839, p. 463.

[3] Procès de Carrier, déposition de Debourges. *Bulletin du Tribunal révolutionnaire*, 6e part., n° 96, p. 381.

[4] *Moniteur* des 26 vendémiaire, 5 brumaire, 2, 10, 12 à 20, 22 à 24, 26 à 28, 30 frimaire, 1er à 4, 7, 8, 10 niv. an III ; *Bulletin du Tribunal révolutionnaire*, 6e et 7e part. ; Buchez, *Hist. parlementaire*, t. 34, p. 129 à 222 ; t. 35, p. 147 à 171.

grands détails sur ces exécutions ; je n'ai pas le courage d'en reproduire ici la moindre partie.

Enfin, au moins une fois, et sur une place de Nantes, sept prisonniers dits *brigands* furent mis à mort à coups de sabre [1] ; c'est ce que l'on appela une *sabrade*.

---

[1] *Moniteur* du 22 frim. an III, p. 342, et *Bulletin*, 6ᵉ part., nᵒˢ 67 et 95.

§ 6. — *Commission populaire d'Orange, et Tribunal criminel de Vaucluse.*

183. La *commission populaire d'Orange* fut une création de Maignet, alors en mission dans les départements de Vaucluse et des Bouches-du-Rhône. Suivant ce représentant il y avait, en floréal an II, dans le pays, 9 à 10,000 rebelles à juger ; quand la translation de ces détenus à Paris eût été possible, on eût dû s'arrêter devant le déplacement de 30,000 citoyens à y appeler en témoignage [1].

Sur le rapport de Maignet, le Comité de salut public arrêta, le 22 floréal [2], qu'il serait établi, à Orange, une commission populaire de cinq membres pour juger les ennemis de la Révolution trouvés dans les pays environnants, etc. Ces membres étaient : *Fauvety*, juré au Tribunal révolutionnaire, président; *Meilleret*, du département de la Drôme ; *Roman-Fonrosa*, président du district de Die ; *Fernex*, juge au district de (Lyon) ; *Ragot*, menuisier (à Lyon) [3], juges ; *Viot* leur fut adjoint, comme accusateur public, par Maignet [4].

Cette création était illégale. Aux termes du décret du 19 floréal, qui supprimait les Tribunaux et commissions révolutionnaires établis dans les départements par les représentants du peuple, le Comité de

---

[1, 3] Buchez, *Histoire parlementaire*, t. 35, p. 178, 183, 184.

[2] Arrêté signé : Robespierre, Collot-d'Herbois, Couthon, Carnot, etc. Buchez, *ibid.*, p. 185.

[4] Lettre d'Agricol Moureau, du 21 prairial. Buchez, *ibid.*, p. 189.

salut public (art. 3) pouvait *maintenir* celles de ces commissions jugées utiles; pour en établir de nouvelles, un décret de la Convention était nécessaire. Le 17 nivôse an III [1], Merlin (de Douai) « déclarait, au nom des comités, que la création de l'atroce commission d'Orange, était un crime! »

184. Quoi qu'il en soit, installée, le 15 prairial an II [2], cette commission commença à juger le 1er messidor et ne cessa ses fonctions que le 17 thermidor. Le 9 de ce mois, Viot écrivait, d'Orange, à son ami Payan [3], à Paris : « Déjà plus de 300 contre-révolutionnaires ont payé de leur tête les crimes qu'ils ont commis; bientôt il seront suivis d'un *bien plus grand nombre* [4]. »

D'après le registre qui contient ses jugements, la commission d'Orange tint 40 audiences, à l'une desquelles, celle du 15 messidor, 18 condamnations capitales furent prononcées. Elle jugea, en tout, 325 accusés [5], dont 2 seulement furent acquittés, 2 furent condamnés à la détention et 321 à mort [6]. Ces résultats, on le voit, dépassent proportionnellement,

---

[1] *Moniteur* du 20 niv. an III, p. 455.
[2] Lettre d'Agricol Moureau, du 16 prairial. Buchez, *ibid.*, p. 185.
[3] Payan, le familier de Robespierre, mis hors la loi avec lui, et exécuté le 10 thermidor.
[4] Buchez, *ibid.*, p. 207.
[5] Prudhomme, dans son *Dictionnaire*, n'en a mentionné que 206.
[6] Registre criminel de la commission d'Orange; Archives du Tribunal de Carpentras; Lettre de M. Combemale, procureur impérial à Carpentras, du 17 mai 1861.

ceux même du Tribunal du 22 prairial. Quant à la célérité et au discernement des décisions, on peut les apprécier d'après les renseignements suivants. Le 15 frimaire an III, Goupilleau, qui avait été en mission dans le département de Vaucluse, déclarait à la Convention qu'à Orange on avait exécuté un vieillard de 87 ans et des enfants de 10 à 18 ans [1]. Jean Debry écrivait, de Carpentras, le 5 pluviôse an III, à l'Assemblée :

« On vous en impose si l'on vous dit que les satellites des triumvirs n'ont porté, dans Vaucluse, leurs coups que sur des aristocrates. Quels aristocrates ! 60 femmes de Caromb, à peine vêtues, pauvres et portant les empreintes d'un travail journalier et pénible, sont venues me demander des secours ; leurs maris avaient été exécutés par le Tribunal d'Orange » [2].

185. La correspondance des meneurs du pays, avant le 9 thermidor, révèle, d'ailleurs, *l'élan* et les principes de cette commission célèbre.

Le 9 messidor an II, Benet, son greffier, écrivait à Payan, en lui envoyant des jugements :

« Tu connais la position d'Orange ; la guillotine est placée devant la montagne. On dirait que toutes les têtes lui rendent, en tombant, l'hommage qu'elle mérite. Allégorie précieuse pour de vrais amis de la liberté !

« *P. S.* Depuis primidi, plus de 60 scélérats ont courbé la tête » [3].

Le 12 messidor, *Agricol Moureau* écrivait au même : « La commission populaire marche bien ;

---

[1] *Moniteur* du 17 frim. an III, p. 326.
[2] *Idem* du 20 pluv. an III.
[3] Buchez, *Histoire parlementaire*, t. 35, p. 194.

hier, sur douze accusés, neuf ont été condamnés à mort ; deux à la déportation, un à six mois de détention » [1].

Le 6 thermidor, *Juge*, de Valréas, écrivait au même :

« Ami, *la sainte guillotine* va tous les jours. Ces jours derniers, le frère de Maury, l'ex-constituant, monta le premier, en lâche, puis madame Pialat des Isles ; notre ancien procureur de la commune ; le marquis d'Autane, notre ancien maire ; un autre mauvais sujet de Valréas ; sept de Grillon et notre général de Grelly, qui monta le dernier, furent ensemble guillotinés. — Valréas en fournira plusieurs » [2].

186. Comme celles de Lyon, la commission d'Orange comptait des juges de parti pris et des juges moins facilement convaincus. Fauvety, Fernex, Ragot n'hésitaient pas ; Meilleret et Roman-Fonrosa voulaient des *formes* et des *preuves;* leurs collègues déploraient cette disposition d'esprit. La correspondance du temps est, sur ce point, précieuse à consulter ; elle révèle les idées de la Montagne sur la marche et le but de la justice révolutionnaire.

Ainsi, le 9 messidor, un mois avant la chute de Robespierre, Agricol Moureau écrivait à Payan, sur la commission d'Orange :

« Meilleret et Roman-Fonrosa sont excellents citoyens ; mais, pour juger révolutionnairement, ils ne valent pas Fauvety et les deux autres juges de Commune-Affranchie. Le bien public demanderait donc qu'à leur place on mît deux hommes de la trempe des trois autres. Si Fauvety

---

[1,2] Buchez, *Histoire parlementaire*, t. 35, p. 196, 206.

était malade... il échapperait bien des coupables, et alors le but du Gouvernement serait manqué... » ¹.

Le 19 messidor, Fauvety écrivait au même :

« Ragot, Fernex et moi, sommes *au pas*² ; Roman-Fonrosa est un excellent sujet, mais *formaliste enragé*, et un peu loin du point révolutionnaire où il le faudrait ; Meilleret, mon quatrième collègue, ne vaut rien, absolument rien, au poste qu'il occupe ; il est quelquefois d'avis de sauver des prêtres contre-révolutionnaires ; *il lui faut des preuves*, comme aux tribunaux ordinaires de l'ancien régime... Tous les deux réunis nous tourmentent ; nous avons quelquefois des scènes très-fortes... Dieu veuille que Ragot, Fernex et moi ne soyons jamais malades ! Si ce malheur arrivait, la commission ne ferait plus que *de l'eau claire* » ³ !

Payan crut de son devoir *d'éclairer* Roman-Fonrosa sur la manière de remplir ses fonctions de juge ; après la lettre de Moureau, le 20 messidor, il lui écrivait en ces termes, qui veulent être rapportés⁴ :

« J'ai été longtemps, mon cher ami, membre du Tribunal révolutionnaire (de Paris), et je crois, à ce titre, te devoir quelques observations sur la conduite des juges et des jurés. Il est bon de t'observer d'abord que les commissions chargées de punir les conspirateurs n'ont absolument aucun rapport avec les tribunaux de l'ancien régime, ni même avec ceux du nouveau. Il ne doit y exister *aucunes formes*, la conscience du juge est là, et les remplace. Il ne s'agit point

---

[1,3] Buchez, *Histoire parlementaire*, t. 35, p. 195, 199.

[2] C'est le mot de Fouquier, on l'a vu plus haut (n° 78), reprochant aux huissiers du Tribunal de Paris de ne pas fonctionner avec assez de zèle.

[4] Buchez, p. 200. « Cette lettre, trouvée dans les papiers de Payan, n'est point écrite, mais est corrigée de sa main. (*Note de Courtois.*)

de savoir si l'accusé a été interrogé de telle ou telle manière, s'il a été entendu paisiblement et longuement lors de sa justification : il s'agit de savoir s'il est coupable. En un mot, ces commissions sont des commissions révolutionnaires, c'est-à-dire des tribunaux qui doivent aller au fait, et frapper sans pitié les conspirateurs ; elles doivent être aussi des tribunaux *politiques ;* elles doivent se rappeler que tous les hommes qui n'ont pas été pour la Révolution ont été par cela même contre elle, puisqu'ils n'ont rien fait pour la patrie. Dans une place de ce genre, *la sensibilité individuelle* doit cesser ; elle doit prendre un caractère plus grand, plus auguste, elle doit s'étendre à la République. Tout homme qui échappe à la justice nationale est un scélérat qui fera un jour périr des républicains que vous devez sauver. On répète sans cesse aux juges : Prenez garde, sauvez l'innocence; et moi je leur dis, au nom de la patrie : *Tremblez de sauver un coupable!* etc., etc. »

La réponse (30 messidor) de Roman-Fonrosa à Payan a été aussi conservée; trop longue pour être reproduite ici, elle est extrêmement curieuse ; Roman y entre dans les plus grands détails, afin de *s'excuser,* auprès de son ami, d'avoir, à l'égard d'accusés obscurs, artisans, manouvriers, qui avaient pu être égarés, *voté* de moindres peines ou même l'absolution »[1]. Roman avait raison de se servir du mot *voter;* car, on l'a vu, sur 325 accusés, jugés par la commission, 2 seulement avaient été frappés d'une moindre peine, et 2 avaient été acquittés.

Je passe maintenant à l'affaire de Bédoin, jugée révolutionnairement, en plein air, par le Tribunal de Vaucluse.

187. *Tribunal criminel de Vaucluse; affaire de*

---

[1] Buchez, *Histoire parlementaire*, t. 35, p. 201 à 205.

Bédoin. — Avant l'institution de la commission d'Orange, le Tribunal criminel de Vaucluse, investi, à cet effet, par Maignet, des pouvoirs nécessaires, avait jugé révolutionnairement les accusés et la commune de Bédoin. Voici quelle fut cette affaire célèbre, dégagée, cette fois, des exagérations des thermidoriens et des dissimulations des montagnards.

La commune de Bédoin (arrondissement de Carpentras) était, depuis longtemps, signalée comme un foyer de royalisme, lorsque, dans la nuit du 12 au 13 floréal an II (1-2 mai 1794), l'arbre de la liberté y fut arraché de la place publique et couché le long d'un ruisseau; le bonnet de la liberté, qui le surmontait, jeté dans un puits; les décrets de la Convention, qui étaient affichés à la porte de la maison commune, déchirés et foulés aux pieds.

Maignet, qui était à Avignon, ne tarda pas à intervenir révolutionnairement.

Par un premier arrêté du 14 floréal,

Il prescrivit l'envoi à Bédoin, où elles seraient logées et nourries chez les habitants, des compagnies du bataillon de l'Ardèche (commandé par Suchet), qui étaient à Carpentras (art. 1 et 2);

Tous pouvoirs nécessaires furent attribués à l'accusateur public pour informer et au Tribunal criminel pour juger révolutionnairement (art. 6);

L'arrêté dut être imprimé et affiché à 12,000 exemplaires dans les départements de Vaucluse et des Bouches-du-Rhône (art. 7).

En vertu d'un second arrêté du 17 floréal,

Le Tribunal criminel dut se transporter à Bédoin, pour y instruire, juger et faire exécuter;

Après l'exécution des principaux coupables, l'agent national (Lego, ancien banqueroutier) devait notifier aux habitants, non détenus, d'évacuer dans les 24 heures leurs maisons et d'emporter leur mobilier, après quoi la commune serait livrée aux flammes;

Il était défendu d'y construire à l'avenir et d'y cultiver le sol;

Les habitants devaient être répartis dans les communes voisines reconnues patriotes.

Un dernier arrêté du 7 prairial :
Étendait les pouvoirs du Tribunal aux individus trouvés hors de Bédoin et suspectés d'avoir participé à l'infâme attentat commis dans cette commune;

Visait les instructions données par le Comité de salut public à la commission qui allait s'établir à Orange.

188. Comment informa le Tribunal en vertu de ces arrêtés? Je l'ignore. Ce qui est certain, c'est que 140 habitants de Bédoin, ou autres, furent jugés sur la place publique de Bédoin, dit *l'infâme*, le 9 prairial, et que le jugement (imprimé à Carpentras, chez Vincent Raphel, imprimeur du Tribunal révolutionnaire) contient, outre les arrêtés que je viens d'analyser, les dispositions suivantes[1] :

63 accusés présents furent condamnés à mort pour les attentats ci-dessus : 55 hommes et 8 femmes; — sur quoi 6 nobles, 6 prêtres, 3 religieuses, 1 magistrat, 4 hommes d'affaires, 12 propriétaires,

---

[1] Bibliothèque impériale ; *Catalogue de l'Histoire de France*, t. 3; Convention, n° 1097, un cahier in-4°.

1 médecin, 13 industriels, 4 ouvriers, 5 cultivateurs, 16 sans profession connue ;

10 autres furent mis hors la loi, convaincus de contre-révolution et de s'être soustraits aux poursuites de la justice ;

13 durent être détenus comme suspects ;

1 fut condamné à 6 ans de fers pour agiotage ;

1 à 1 an de détention pour avoir été arrêté sans cocarde ;

52 furent acquittés et rendus à la liberté, sans préjudice de l'arrêté de Maignet du 17 floréal (concernant l'expulsion du territoire).

Enfin, il était ordonné que la commune de Bédoin serait livrée aux flammes et ses habitants dispersés et soumis à l'appel dans les communes environnantes.

Le Tribunal était ainsi composé : *Fouquet*, président ; *Faure, Boyer, Rémusat*, juges ; [*Barjavel*, accusateur public.

189. Le jour même (9 prairial), l'exécution des 63 condamnés eut lieu ; 16 (6 nobles, 6 prêtres, 2 religieuses, 2 femmes) montèrent sur l'échafaud ; les 47 autres furent fusillés par les soldats de Suchet[1].

Cinq jours après (le 14 prairial), Bédoin était livré aux flammes. Quel fut exactement le résultat de cette partie de l'exécution du jugement? C'est un point sur lequel on n'a pas été d'accord.

190. Le 18 brumaire an III, le représentant Gou-

---

[1] Mémoire manuscrit de M. l'abbé Sauve, cité plus bas.

pilleau écrivait à la Convention[1] : *Des ruines de Bédoin*, « que cette commune, composée de 500 maisons habitées par 2,000 citoyens, brûlées par le 4ᵉ bataillon de l'Ardèche, commandé par Suchet, n'existait plus; que rien n'avait été épargné, pas même les édifices publics et nationaux; l'hôpital, dont le linge et le trésor furent pillés; la maison commune; celle où se tenait le Comité de surveillance; les moulins à huile, les fabriques de soie, tout y fut consumé; on ne voulut pas même permettre qu'on enlevât les soies, et, dans un seul magasin, il en fut brûlé pour 60,000 fr. qu'on pouvait sauver. — Que, des habitants chassés de Bédoin, les uns erraient dans les montagnes, n'osant revenir dans leur pays; les autres, plus hardis, s'y étaient aventurés et n'y avaient pour asile que des cavernes creusées dans la terre; » etc. [2].

A la séance du 15 frimaire suivant, onze habitants de Bédoin[3], à qui, disaient-ils, ses ruines avaient fait donner le nom de Bédoin *l'anéanti*, déclaraient aussi que « 500 maisons y avaient été livrées aux flammes. »

De nos jours, un écrivain du pays[4], racontant cette catastrophe, l'a encore aggravée en représentant « Bédoin comme entièrement dévorée par les flammes et n'ayant plus offert *qu'un monceau de cendres* ».

191. D'autres historiens, à leur tour, ont sin-

[1,2] Séance du 3 frim. an III; *Moniteur* du 5, p. 276.
[3] *Moniteur* du 17 frim. an III.
[4] M. l'abbé André, *Histoire de la révolution Avignonnaise*, 1846, 2 vol. in-8°; t. 2, p. 284.

gulièrement amoindri le désastre. D'après MM. Buchez et Roux [1], suivis par M. Louis Blanc [2], « Lorsque l'incendie fut allumé, toutes les maisons étaient déménagées, et, par les soins de Suchet et de Maignet, qui voulaient un châtiment exemplaire et non pas une dévastation, *six* habitations seulement, et c'était déjà trop, dit M. Louis Blanc, furent brûlées. C'est ce qu'on appela l'incendie de Bédoin. »

192. J'ai voulu, sur ce grave incident de la révolution, connaître l'exacte vérité ; présumant (à tort, cette fois) que, peut-être, ainsi que je l'avais souvent expérimenté dans mes recherches, cette vérité ne se trouverait ni dans les tableaux effrayants des uns, ni dans le croquis imperceptible des autres. Je n'ai pas été longtemps à voir que l'allégation de M. Buchez n'était que de la fantaisie ; voici, en effet, ce qui résulte des documents authentiques conservés à Bédoin, et spécialement compulsés par un homme digne de toute confiance [3].

Il y eut à Bédoin, non pas 500, comme le dit Goupilleau, mais 433 maisons rendues toutes inhabitables par l'incendie. Sur ce nombre, deux ou trois seulement furent moins endommagées par l'adresse de leurs propriétaires, qui simulèrent, eux-mêmes, un commencement de feu bientôt éteint.

Les toits et les planchers de ces 430 maisons crou-

[1] *Histoire parlementaire*, t. 33, p. 173.
[2] *Histoire de la Révolution*, t. 10, p. 470.
[3] Mémoire sur l'incendie de Bédoin, d'après les actes conservés dans les archives de cette commune, par M. l'abbé Sauve ; transmis, le 17 mai 1861, par M. Combemale, procureur impérial à Carpentras.

lèrent, en général, sous l'action du feu, mais les murs restèrent debout; les exécuteurs de Maignet n'allèrent pas jusqu'à la démolition, si l'on excepte trois édifices communaux, entre autres l'hôpital, qui fut presque rasé, et l'église, où l'on fit sauter une partie de la voûte de la nef avec de la poudre. Il fallut dépenser une somme de 20,000 fr. pour rendre, en 1821, cette église au culte [1].

193. Ce chiffre de 433 maisons incendiées n'est point aproximatif.

Après le 14 prairial an II, Bédoin n'était plus, comme village, qu'une agglomération, déserte, de carcasses de maisons aux murs noircis et lézardés.

Le 9 thermidor passé, les malheureux Bédoinais exilés purent envoyer à la Convention la députation dont j'ai déjà parlé et qui obtint, le 24 frimaire an III (14 décembre 1794), un décret [2] aux termes duquel :

« Un secours provisoire de 300,000 fr. était mis à la disposition du district de Carpentras, pour être employé, soit à secourir les habitants indigents qui avaient été forcés de quitter la commune de Bédoin, soit à reconstruire leurs bâtiments ;

« Les habitants expulsés étaient autorisés à réintégrer leur domicile, nonobstant tout jugement ou arrêté contraire ;

« Une somme de 11,000 fr. était, en outre, allouée comme indemnité de voyage et de retour aux onze membres de la députation » [3].

[1] *Mémoire sur l'incendie de Bédoin.*
[2,3] *Procès-verbal de la Convention nationale*, an III, t. 51, p. 203. Ce décret du 24 frimaire n'est ni au *Moniteur*, ni au Bulletin des lois, et M. Duvergier, *Lois*, t. 7, n'en donne que le titre.

En conséquence, fut dressé, à Bédoin, par des gens de l'art, un procès-verbal estimatif des travaux à faire pour arriver à ces reconstructions; la dépense totale fut évaluée à 1,237,365 fr. Cet état servit à répartir le secours accordé par la Convention. 205,225 fr. furent alloués à 232 propriétaires indigents ou malaisés pour un nombre égal de maisons; restèrent en dehors du secours 183 maisons déjà relevées et possédées par autant de propriétaires dans l'aisance. Enfin, à 18 édifices communaux, fut réservée une somme de 39,775 fr. (le surplus, ou 55,000 fr., avait été dépensé en secours alimentaires). — Total égal : 433 maisons incendiées [1].

Telle est la vérité sur l'incendie de Bédoin. Si le tableau émouvant qu'en a tracé M. l'abbé André est outré, celui de M. Louis Blanc, dans un sens inverse, est bien plus exagéré encore. De telles erreurs seraient évitées si l'on voulait bien remonter aux sources; il est vrai, et j'en sais quelque chose, que ce soin demande beaucoup de peine et de temps.

[1] Mémoire de M. l'abbé Sauve.

§ 7. — *Tribunal révolutionnaire* ambulant *de Strasbourg*.

194. A Strasbourg, il y eut, en brumaire et en frimaire an II (novembre et décembre 1793), un Tribunal révolutionnaire établi, comme dans beaucoup d'autres villes, par les représentants du peuple, et dont les actes, très-imparfaitement recueillis, ont tenu leur place dans l'histoire de la révolution. Instruit par les documents authentiques, j'en parle à mon tour, en vue de la vérité des faits, toujours intéressante à rétablir, et du caractère étrange de ce Tribunal.

Voici, d'abord, ce qu'en ont dit MM. Buchez et Roux [1] :

« Pendant tout le temps que Saint-Just et Lebas gouvernèrent Strasbourg, il n'y fut pas versé *une seule goutte* de sang. Il n'y avait eu dans cette ville que *deux exécutions* à mort avant leur arrivée : *ce furent les seules*. L'accusateur du Tribunal révolutionnaire, ce Schneider à qui l'imagination et le style de M. C. Nodier ont acquis de nos jours une si odieuse renommée, n'est point un personnage romanesque, quant aux mœurs ignobles dans lesquelles cet écrivain nous l'a montré ; mais il faut beaucoup diminuer du sang dont il l'a couvert. Le Tribunal qu'il promenait à sa suite, dans le département du Bas-Rhin, n'y frappa tout au plus que *douze individus !* »

Dans ce petit alinéa, il y a de grandes erreurs ; on le verra tout à l'heure.

M. Louis Blanc, qui a vu des documents imprimés

---

[1] *Histoire parlementaire*, t. 31, p. 28.

du Tribunal de Schneider, plus exact ou moins indulgent que MM. Buchez et Roux, après avoir cité trois jugements bien singuliers de ce Tribunal [1], M. Louis Blanc ajoute : « Il suffit de constater que *trente* condamnations à mort, au moins, furent prononcées par un Tribunal de cette espèce, pour faire comprendre le service qu'en le renouvelant Saint-Just rendit à l'Alsace [2]. » Je fais connaître plus bas (n° 212) le véritable motif de l'arrestation de Schneider.

195. Voici, maintenant, l'histoire du Tribunal révolutionnaire ambulant de Strasbourg et de Schneider, son accusateur public, faite sur les pièces originales ou sur des copies certifiées ; entre autres, sur celle des jugements rendus par le Tribunal, en trois cahiers, dont le premier porte pour titre : *Tribunal révolutionnaire, jugements rendus à la tournée*; presque tous ces jugements ont été annotés par Neumann, accusateur public à cette époque, près le Tribunal criminel du Bas-Rhin [3].

196. Par un arrêté du 24 vendémiaire an II, les représentants en mission près des armées du Rhin et de la Moselle [4], établirent une armée, dite *révolutionnaire*, composée de 1,000 hommes, extraite de ces armées dont elle était chargée d'assurer les approvisionnements (art. 1 et 2); devaient suivre cette ar-

---

[1,2] *Histoire*, etc., t. 10, p. 144 et 145.
[3] Procès d'Euloge Schneider, 11ᵉ, 12ᵉ, 13ᵉ pièces. Archives de l'Empire, section judiciaire
[4] Ehrnmann, Mallarmé, J.-B. Lacoste, J. Borie, Guyardin, Richaud, Niou, J.-B. Milhaud, Ruamps.

mée révolutionnaire deux Tribunaux provisoires de trois juges chacun (art. 15), choisis par les représentants, parmi les juges ou leurs suppléants du Rhin et de la Moselle (art. 16); jugeant sans jurés; prononçant la peine de mort (art. 18) [1].

Le principal de ces Tribunaux fut formé par Schneider, qui en choisit les juges; il fut ainsi composé [2]:

Taffin, prêtre, d'abord curé à Haguenau, puis vicaire épiscopal à Strasbourg, enfin président du district de cette ville, *président*;

Wolff et *Clavel*, juges à Strasbourg, *juges*;

(*Probst*, prêtre, officier municipal à Schlestadt, leur fut adjoint plus tard).

Schneider, né dans le Wurzbourg, prêtre allemand, professeur à l'université de Bonn, puis vicaire de l'évêque du Bas-Rhin, en 1791, accusateur public près du Tribunal criminel du Bas-Rhin, enfin, commissaire civil près de la commission ou Tribunal révolutionnaire, *accusateur public* [3].

Ce Tribunal était illégalement composé, puisqu'il y eut deux prêtres, Taffin et Probst, qui, ni l'un ni l'autre, n'avaient été juges. Il ne tarda pas aussi à s'écarter de l'objet principal de sa mission, *l'approvisionnement de l'armée*, et à statuer sur des affaires hors de sa compétence, prononçant fréquemment la

---

[1] *Recueil de pièces authentiques servant à l'Histoire de la Révolution à Strasbourg* (sans date), 2 vol. in-8°; t. 1er, dernière partie, p. 1 à 7. — Je dois la communication de ces rares et curieux volumes à M. Jung, conservateur de la bibliothèque de Strasbourg.

[2,3] Procès de Schneider; 13e pièce.

peine capitale, et d'autres peines renouvelées de l'ancien régime.

197. Du 2 brumaire au 7 frimaire an II, ce Tribunal siégea à Strasbourg, où il tint 19 séances (du 2 au 27 brumaire, et du 1ᵉʳ au 7 frimaire), et jugea 132 accusés ; sur ce nombre [1] :

18	furent acquittés,
2	condamnés à des réparations civiles,
47	à l'amende, depuis 200 f. jusqu'à 100,000 f.
4	à la prison,
3	à la prison avec amende,
12	à l'amende et au poteau de 2 à 6 heures,
4	à la promenade par la ville, porteurs du corps du délit,
4	à l'exposition sur l'échafaud de la guillotine,
1	à être éloigné du pays,
1	à être transporté dans l'intérieur,
3	à la détention jusqu'à la paix,
3	aux fers,
1	à l'hôpital à perpétuité,
9	à la déportation à Cayenne ou Madagascar.
20	à la peine de mort.
132	

198. Des actes de désobéissance aux lois sur le *maximum* motivèrent un grand nombre de ces condamnations ; quelques-uns furent réprimés avec une sévérité inouïe ; d'autres, par des peines étranges [2].

---

[1] Procès de Schneider, 11ᵉ, 12ᵉ, 13ᵉ pièces.
[2] Dit procès, 13ᵉ pièce.

Le 2 brumaire an II, *Zimmermann*, accusé d'avoir caché du suif et des chandelles, pour n'en point vendre à la taxe, fut condamné à la déportation perpétuelle et à la confiscation des biens.

Le même jour, *Nagel* et dix autres brasseurs, qui avaient refusé de vendre leur bière, furent condamnés, six à 25,000 fr. et cinq à 10,000 fr. d'amende.

Le même jour, *Franz*, accusé d'avoir vendu deux salades 1 fr., était condamné à six mois de prison, 3,000 fr. d'amende et deux heures de poteau.

Le 11 brumaire, Magdeleine *Mathis*, accusée d'accaparement de draps, était condamnée à 15,000 fr. d'amende et à six heures d'exposition à la guillotine [1].

Le 12 brumaire, *Kolb*, pour « avoir cuit du pain, la nuit, et l'avoir vendu à des riches », fut condamné à 30,000 fr. d'amende, à quatre heures de poteau, et à la détention jusqu'à la paix [2].

Dangelaunn, épicier, pour « avoir vendu du sucre candi au-dessus de la taxe », fut condamné à 100,000 fr. (*cent mille*) d'amende, à quatre heures de poteau, et à la détention jusqu'à la paix.

Le 17 brumaire, *Braun*, accusé « d'avoir vendu une chopine de vin 1 fr. », était condamné à 40,000 fr. (*quarante mille*) d'amende, et à quatre heures de poteau *devant sa demeure*.

En même temps le Tribunal ordonnait, comme peine, la *promenade par la ville*.

[1,2] Le 22 prair. an II, après la condamnation de Schneider, la Convention, sur le rapport sévère de Merlin (de Douai), annula ces deux jugements et renvoya sa fille Mathis et Kolb devant le directeur du jury du district de Strasbourg. *Moniteur* du 24 prair. an II.

Le 11 brumaire, la fille *Ehrenmeyër*, accusée « d'avoir vendu des fagots au-dessus de la taxe », dut être « menée par la ville, un fagot sous le bras ».

Kiefer, accusé d'accaparement de draps, dut être « mené de même un ballot de drap sous le bras ». Les fagots et les draps furent confisqués.

Le 14 brumaire, Joseph *Wolff*, accusé d'avoir vendu un portefeuille de papier 15 sols, et un petit morceau de savon 10 sols, fut condamné à être « mené par la ville, le portefeuille d'une main, le savon de l'autre, ayant sur la poitrine et sur le dos un écriteau avec le mot *agioteur*; plus, à être éloigné des frontières à 20 lieues, ainsi que sa famille, sous peine, s'il rentrait, d'être traité comme émigré ».

Le 21 brumaire, l'apothicaire *Hecht* était condamné à 15,000 fr. d'amende, parce que son garçon avait vendu deux onces de rhubarbe 54 sols [1].

Les condamnations à mort, qui furent assez nombreuses, et qui étaient exécutées dans les vingt-quatre heures, sont parfois bien laconiquement motivées.

Le 15 brumaire, *Muller* est condamné pour « avoir maudit la nation ».

Le 2 frimaire, *Lambert* (capitaine de gendarmerie), pour « malversation ».

199. Les jugements étaient, eux-mêmes, d'une

---

[1] Le 11 thermidor, sur le rapport du même Merlin, la Convention annulait ce jugement et ordonnait que l'amende serait restituée à la citoyenne Hecht, sur la justification du paiement qu'elle en avait fait. *Moniteur* du 14 therm. an II.

effrayante concision. En voici un, transcrit littéralement, entre plusieurs tout à fait semblables :

(Du 14 brumaire.) Conrad *Bodenhauss*, de Güspolsheim, accusé d'avoir corrompu, par sa conduite anti-révolutionnaire, l'esprit de sa commune, condamné à la peine de mort et ses biens confisqués au profit de la République.
Signé: Weis, s. g.

C'est tout!

Le Tribunal de Schneider n'était pas esclave des formes. Sur la publicité des débats, les réponses de l'accusé, les déclarations des témoins, la délibération des juges, la loi appliquée, rien. — Beaucoup de ces jugements, ou soi-disant tels, ne sont signés que d'un seul juge; d'autres ne le sont que du greffier. Aussi Neumann ajoute, à la fin de la copie des jugements jointe au dossier de Schneider [1] :

Il n'y a pas un des jugements rendus par la commission révolutionnaire où toutes les formes établies par les lois révolutionnaires n'aient été violées de la manière la plus répréhensible;

Pas un qui soit fondé sur la loi ou sur des arrêtés des représentants du peuple;

Il y en a un grand nombre où, sans preuve légale acquise, la commission a prononcé la peine de mort, la déportation ou autres.

Un grand nombre rendus sur des délits qui n'étaient point de sa compétence.

Des juges incompétents eux-mêmes y ont concouru.

200. Le Tribunal de Schneider ne se contentait pas de juger souverainement; il disposait aussi, par voie réglementaire, et empiétait sur l'autorité de la

[1] Procès de Schneider, 12e pièce à la fin.

Convention, et sur celle, encore plus redoutable, des représentants en mission. Ainsi, le 24 brumaire, il prenait un arrêté ainsi conçu :

Séance du 24 brumaire.

Les amendes, le poteau, les galères, n'ont pu jusqu'ici forcer les assignats et faire respecter la loi.

Le premier qui sera convaincu d'avoir enfreint la taxe, ou avili les assignats, en les prenant avec perte, sera puni de mort.

Fait à Strasbourg, le 24 brumaire, l'an second de la République, une et indivisible.

Signé : C. Taffin, président ; Euloge Schneider, commissaire civil ; Wolff, Clavel, juges ; Weis, secrétaire greffier [1].

201. Telles furent les principales opérations du Tribunal de Schneider, à Strasbourg : vingt condamnations à mort, du 2 brumaire au 7 frimaire an II. Or, Saint-Just et Lebas étaient arrivés en cette ville au moins le 3 brumaire, car, ce jour-là, ils adressaient à la Convention une lettre, avec un drapeau prussien [2]. Comment MM. Buchez et Roux ont-ils pu imprimer que, pendant que ces représentants gouvernèrent Strasbourg, il n'y fut pas versé *une seule goutte de sang* [3] ?

202. Mais les assesseurs de Schneider, et Schneider lui-même ne se bornaient pas à siéger au Tribunal.

Clavel parcourait Strasbourg à cheval et levait des

---

[1] *Recueil de pièces*, etc., t. 1er, dernière partie, p. 54.
[2] *Moniteur* du 8 brum. an II.
[3] *Histoire parlementaire*, t. 31, p. 28.

amendes de 5 à 50 liv., sur les uns, parce qu'ils ne se tutoyaient pas; sur des femmes, parce qu'elles n'avaient pas des cocardes assez grandes. Juge et receveur tout à la fois, Clavel ne tenait note ni de ses jugements, ni de ses recettes [1].

D'autres familiers parcouraient la campagne, et s'y mettaient en rapport avec les contribuables; à ceux qui leur versaient du numéraire, ils faisaient des remises importantes. Tel le prêtre allemand *Anstett*, qui, pour 360 liv. reçues, fit, sans quittance, une remise de 1000 liv.; un autre, Nestlin, fit autrement: recevant 1,000 fr., il ne donna quittance que de 800, « réservant, dit-il, plus tard, la différence à Schneider » [2].

Ce dernier, de son côté, tranchait du représentant du peuple; il révoquait des maires et les remplaçait par ses créatures; le 20 brumaire, c'était le maire d'Osthoffen [3]; le 24 brumaire, celui d'Eiligenberg [4], qui était arrêté et conduit à Strasbourg.

203. Outre son Tribunal révolutionnaire, Strasbourg, à cette époque, avait sa société des Jacobins. Voici une des motions, faites dans cette société, qui nous ont été conservées:

Du 4 pluviôse, l'an II.

Le citoyen Schwartz, membre de la société, annonce qu'il existe dans un hôpital un émigré attaqué de l'escorbut (sic); il demande que, sans plus attendre, il soit guillotiné, pour *rendre sa guérison plus prompte* [5].

[1,2] Procès de Schneider, note de Neumann, 25ᵉ pièce.
[3,4] Dit procès, 4ᵉ, 5ᵉ, 29ᵉ, 30ᵉ pièces.
[5] *Recueil de pièces*, etc., t. 2, p. 317.

204. Cependant Schneider et son Tribunal, probablement pour aller plus vite en besogne, au lieu de se faire amener les accusés à Strasbourg, commencèrent, dans le Bas-Rhin, cette fameuse tournée révolutionnaire dont on a tant parlé, et je crois pouvoir ajouter, tout de suite, parlé avec tant de fantaisie. Mon récit est fait sur les documents authentiques.

On se rendit d'abord à Oberehnheim, et je lis dans le cahier des jugements ce qui suit [1].

9 frimaire. Arrivés à Oberehnheim avons consigné tous les habitants de cette commune, sous peine d'être regardés comme émigrés et punis comme tels.

Nous avons enjoint à la municipalité de fournir jusqu'à demain 9 heures du matin la liste des personnes contre-révolutionnaires.

205. Cette liste fatale n'étant pas assez tôt prête, le Tribunal, qui ne voulait pas perdre son temps, poussa jusqu'à Barr; il y arriva le 12 frimaire, et, le même jour, y furent condamnés :

Chayen, à six ans de fers et 6 heures de poteau, pour avoir vendu 8 liv. une livre de plumes;

Ansel, charron, à mort, pour propos contre-révolutionnaires.

206. Le lendemain 13, on revint à Oberehnheim, où, le même jour, furent condamnés :

Freiderich et *Spieser*, à mort, le premier, « comme chef d'émeute; » le second, « pour propos contre-révolutionnaires. »

Feit, à la déportation et à 2 heures de poteau, pour « fanatisme. »

[1] Procès de Schneider, 12ᵉ pièce.

Doss, receveur de l'enregistrement, à la détention jusqu'à la paix, « pour avoir communiqué son découragement à ses concitoyens. »

Un seul accusé, *Kügel*, fut acquitté.

207. On retourna ensuite à BARR, où le Tribunal séjourna du 15 au 19 frimaire, retenu par sa besogne judiciaire et aussi par les saturnales qui s'y joignirent, comme on le verra bientôt.

Il y tint deux audiences, le 15 et le 18 frimaire, où furent condamnés :

A la peine de mort, *Doss*, juge de paix, la veuve *Kunz*, âgée de 72 ans, et sa *fille*, « pour correspondance avec les émigrés » ;

Au poteau de deux à quatre heures : *Ludwig*, « pour propos séditieux ; » *Fischer*, « pour avoir écrit d'une manière *mocquante* contre la nation ; » *Rovel*, « pour vente de vin au delà du maximum. »

Il y eut, en outre, trois condamnations moins importantes et trois acquittements.

208. Le 15 frimaire, au Temple, on célébra la fête de la Raison. Les prêtres catholiques et protestants du pays y firent publiquement abjuration de leurs *erreurs*. L'un d'eux nommé *Funck*, vicaire à Barr, déclara qu'il était prêt à se marier et disposé à prendre femme sur-le-champ. A quoi Schneider répliqua, en plaisantant, qu'il devait faire son choix parmi les jeunes filles présentes et que celles qui le refuseraient seraient considérées comme suspectes ; ce propos n'eut pas d'autre suite. Après la fête de la Raison, il y eut des danses [1].

---

[1] Procès de Schneider, 13e pièce.

Le soir, à la société populaire, qui s'était réunie, se présenta l'ex-vicaire Funck, avec une jeune fille dont le père avait été tué au siége de Mayence, et qui consentait à l'épouser. Le président de la société prononça un discours à cette occasion, et la proposition fut faite d'une collecte, dans la ville, en faveur des futurs, qui étaient sans fortune. Cette collecte, prise au sérieux, on va voir comment, s'effectua dès le lendemain. Cela résulte de trois pièces, en langue allemande, qui sont en original au dossier de Schneider. La première, du 15 frimaire, est une proclamation de la société populaire de Barr en faveur de la collecte [1]; la seconde est une délibération du directoire de Barr, à la même date, prise dans le même but, et qui est terminée par ces expressions significatives :

« La liste nominative, tant de ceux qui auront donné libéralement que de ceux qui s'y seront refusés par avarice, sera adressée au Tribunal révolutionnaire, pour y être statué ce que prescriront les circonstances » [2].

La troisième pièce est une liste nominative de 41 donateurs *spontanés*, avec le chiffre de leurs libéralités depuis 10 sols jusqu'à 30 fr., s'élevant à la somme totale de 225 fr. [3].

209. Cependant Schneider, tout en requérant et faisant exécuter des condamnations à mort, avait aussi, à l'exemple de Funck, fait son choix. A la fête de la Raison, aux danses qui l'avaient suivie, s'étaient trouvées la femme et la fille aînée (Sarah) de Stamm, chef du bureau des impositions du district de Barr, et qui habitait une vallée voisine. Cette famille

[1] à 3 Procès de Schneider, 32° pièce.

n'était pas inconnue de Schneider. En 1791, lorsqu'il était vicaire épiscopal à Strasbourg, il s'y était rencontré avec Stamm père, dans un club d'une opinion avancée. Plus tard, un fils de Stamm ayant été arrêté, Schneider contribua à son élargissement. A Barr, Stamm père alla voir les juges du Tribunal révolutionnaire. Schneider lui rendit sa visite à la campagne et l'invita à souper. Le 18, Stamm père et Sarah soupèrent avec Schneider et sa suite [1] ; pendant ou après le repas, il y eut concert [2].

Le 19 frimaire, le Tribunal était parti pour Epfig, où nous le retrouverons bientôt, lorsque, dans la nuit, vers deux heures du matin, Stamm fut réveillé par un cavalier qui escortait une chaise : Taffin et Wolff, du Tribunal révolutionnaire, arrivaient chargés d'une commission du citoyen Schneider. Stamm, très-ému, malgré son sans-culottisme éprouvé, chercha, en fumant une pipe, à pressentir l'objet de cette ambassade. Il ne put y parvenir, et il dut faire venir sa femme et sa fille Sarah ; alors Taffin lui remit les deux lettres suivantes [3] :

> Epfig, le 19 frimaire, l'an 2ᵉ de la République, une et indivisible.
>
> Chers amis !
>
> Je suis déterminé à épouser votre fille aînée ; consentez-y, je tâcherai de faire son bonheur.
>
> *Signé :* Euloge Schneider.

[1, 3] Procès de Schneider, déclaration de Stamm père, 31ᵉ pièce.

[2] Weiss, greffier du tribunal de Schneider, porte dans son compte de dépenses, 50 liv. « pour les musiciens qui ont joué en la présence de la famille Stamm ». *Recueil de pièces*, t. 2, p. 228.

Aimable citoyenne,
Je t'aime, je sollicite ta main.
Signé: Euloge Schneider [1].

Stamm, un peu surpris à cette lecture, dit qu'il n'avait pas de fortune à offrir à sa fille; qu'il était un sans-culotte dans tous les principes, et demanda un jour de réflexion. Ce délai ne fut pas accordé; Stamm et les siens furent invités à la fête d'Epfig. Sarah, consultée, répondit qu'elle n'avait pas de répugnance pour Schneider; qu'elle croyait pouvoir vivre heureuse avec lui, et consentait à lui donner sa main. Le matin même, les Stamm partirent pour Epfig, où Schneider les reçut, en dehors de la ville, à la tête d'une espèce de procession. Le mariage projeté fut déclaré, et, le 22 frimaire, il fut publié à Barr [2].

210. Le Tribunal de Schneider n'interrompait pas pour cela le cours de ses travaux. A Epfig [3], le 21 frimaire, il prononçait trois condamnations à mort; une à la détention jusqu'à la paix; deux autres moins graves, et quatre acquittements. Il ordonnait aussi l'exécution d'un jugement rendu *en matière*

---

[1] Le texte de ces lettres est moins laconique dans le *Recueil de pièces*, etc., t. 2, p. 165. J'ai préféré celui que contient la déclaration, en original, de Stamm père, jointe au dossier de Schneider.

[2] Dit dossier, même pièce. L'acte de publication de ce mariage existe (en allemand), à cette date, sur les registres de la ville de Barr. Sarah Stamm y est qualifiée de « fille majeure ». Lettre de M. le procureur impérial de Schlestadt, du 8 juin 1861.

[3] Procès de Schneider, 12e pièce.

civile par le Tribunal de Schlestadt au profit du citoyen Jean Spiz. C'est à Epfig que Schneider joignit à son Tribunal Probst, prêtre, officier municipal à Schlestadt; ce juge improvisé a signé les jugements rendus à Epfig.

211. Enfin, à Schlestadt [1], le 23 frimaire, le Tribunal condamnait à mort *Gall* et *Engel*, simples vignerons, pour « propos contre-révolutionnaires, » et au poteau ou à l'amende six autres personnes pour « avoir exigé un prix exagéré de leurs denrées ou de leurs travaux. »

J'ai parlé de saturnales à propos de Schneider; voici quelques traits à ajouter à ceux que j'ai déjà rapportés.

Pendant sa tournée, Euloge ordonna des illuminations dans les communes de Barr, Epfig et Schlestadt[2]. Les dépenses de table de son Tribunal étaient considérables : Weiss, le greffier, porte dans son compte 700 fr. pour différents repas à Barr, et 300 pour le même objet à Obernay [3].

212. Le 24 frimaire. Schneider revint à Strasbourg; là fut sa perte. Dans une voiture à six chevaux il rejoignit, à Ensisheim, une escorte d'officiers et de cavaliers de Haupertheim et de Barr qui lui firent cortége. En entrant à Strasbourg, ces cavaliers tirèrent le sabre et accompagnèrent sa voiture jusqu'à la place Saint-Pierre-le-Jeune [4].

---

[1] Procès de Schneider, 12ᵉ pièce.
[2] Dit procès, 26ᵉ pièce. Note de Neumann.
[3] *Recueil de pièces*, etc., t. 2, p. 228.
[4] Dit procès, 9ᵉ pièce. Rapport de l'inspecteur de police Couzer.

Les représentants ne tardèrent pas à être informés de cette entrée triomphale, et, le jour même, ils prenaient l'arrêté suivant [1] :

« Les Représentants du peuple, envoyés extraordinairement aux armées du Rhin et de la Moselle, informés que Schneider, accusateur près le Tribunal révolutionnaire, cidevant prêtre, et né sujet de l'empereur, s'est présenté aujourd'hui dans Strasbourg avec un faste insolent, traîné par six chevaux et environné de gardes, le sabre nu :

« Arrêtent, que ledit Schneider sera exposé demain, depuis dix heures du matin jusqu'à deux heures après midi, sur l'échafaud de la guillotine, à la vue du peuple, pour expier l'insulte faite aux mœurs de la République naissante ; et sera ensuite conduit, de brigade en brigade, au Comité de salut public de la Convention nationale.

« Le commandant de la place est chargé de l'exécution du présent arrêté, et en rendra compte demain, à trois heures après midi.

« A Strasbourg, vingt-quatrième frimaire, l'an 2me de la République française, une et indivisible [2].

Signé : LEBAS, SAINT-JUST.

Pour copie conforme :

Le général de division, commandant celle de Strasbourg,

Signé : DIÈCHE.

---

[1] *Recueil de pièces*, etc., t. 1er, dernière partie, p. 63. Dans le dossier de Schneider (17e et 28e pièces), il y a deux dessins coloriés qui représentent cet homme debout, sur l'échafaud, devant la guillotine.

[2] Ch. Nodier, dans ses *Souvenirs de la Révolution et de l'Empire* (1850, in-18, t. 1er, p. 20), a aussi parlé des fiançailles de Schneider. « C'est à Brumpt (Brumath) que cet homme avait fait choix d'une jeune personne qui joignait à une immense fortune toutes les perfections du corps et de l'esprit. Son père était un aristocrate en jugement. Schneider profita de cette circonstance pour obtenir la promesse de la

213. On le voit, les actes sanglants ou iniques multipliés par Schneider à Strasbourg et dans sa banlieue ne trouvèrent pas place dans cet arrêté; on n'y fit même pas allusion. Ainsi, tant qu'Euloge n'avait fait à Strasbourg, à Oberehinheim, à Barr, à Epfig, à Schlestadt, que pourvoir la guillotine, que lever des amendes exorbitantes, que faire attacher les gens au poteau, Saint-Just et Lebas ne l'avaient pas inquiété. Revenu à Strasbourg, Euloge y faisait une entrée triomphale, telle que les représentants auraient à peine pu se la permettre; cette manifestation orgueilleuse était aussitôt sévèrement châtiée.

214. Schneider fut ensuite conduit à Paris. Il y resta, pendant plusieurs mois, sans être jugé. Il fut traduit devant le Tribunal révolutionnaire le 12 germinal et condamné à mort en vertu d'un acte d'accusation du 10. Dans cette pièce, Fouquier a omis les actes les plus condamnables de Schneider, et ceux qu'il rappelle ne sont pas exactement présentés. Euloge fut accusé « d'avoir conspiré contre la République,

jeune fille, qui lui déclara qu'elle ne l'épouserait qu'à Strasbourg. Schneider l'y conduisit triomphalement, dans un char à six chevaux, qui s'arrêta sous le balcon de Saint-Just. Alors la jeune fille, se jetant à genoux sur le pavé, demanda au proconsul justice de son fiancé, et montra un poignard dont elle l'aurait tué, dit-elle, si elle fût devenue sa femme. C'est après ce coup de théâtre que Saint-Just ordonna que Schneider serait exposé sur la guillotine. » Ce récit est tout simplement une fable (certificat de M. le maire de Brumath, du 6 juin 1861). Si Ch. Nodier eût daigné chercher la vérité, Sarah Stamm aurait été bien autrement intéressante sous sa charmante plume que la riche et belle aristocrate de Brumath.

la liberté et la sûreté du peuple français, en prévariquant dans ses fonctions, en commettant des abus d'autorité et de pouvoirs, en opprimant les patriotes, en exerçant envers différents citoyens des actes arbitraires et des vexations de tout genre [1]. » Entre autres faits on lui reprochait « les amendes levées à son profit personnel, pour des cocardes trop petites portées par des femmes ; sa réquisition à Barr, de jeunes citoyennes pour Funck, sa créature, prêtre autrichien, qui voulait se marier ; son envoi d'une partie du Tribunal révolutionnaire et de la force armée, à une heure du matin, chez le père d'une jeune citoyenne *riche* et aimable qui avait fixé son attention, » etc. Ces faits, d'après le *Bulletin*, étaient établis par des pièces authentiques, que l'accusé, malgré tous ses efforts, ne put affaiblir [2].

215. Je n'ai pas trouvé comment était composé l'autre Tribunal attaché à l'armée révolutionnaire de Strasbourg, et qui a fonctionné, d'après un rapport de Merlin (de Douai), à la Convention, du 11 thermidor an II. Le 24 frimaire, jour de l'exposition de Schneider, ce Tribunal se trouvait à Mirecourt, et là, il déclarait le sieur Roquer, capitaine commandant le 1er bataillon des grenadiers de Saône-et-Loire, homme suspect, et arrêtait que, comme tel, il serait enfermé jusqu'à la paix dans la maison d'arrêt de Mirecourt. Et pourquoi ! parce que Roquer avait été trouvé *faisant une partie de piquet* dans un café de la commune. Des témoins le déclarèrent joueur de profession et réputé suspect. La Convention, le 11

[1,2] *Bulletin du Tribunal révolutionnaire*, 4e part., n° 15, p. 57.

thermidor, annula le jugement et ordonna que Roquer serait réintégré dans ses fonctions avec rappel de solde [1].

216. Un peu plus tard (6 pluviôse an II), les représentants Lacoste et Baudot, en mission près des armées du Rhin et de la Moselle, établirent une nouvelle commission révolutionnaire composée d'un président, de quatre juges et d'un accusateur public. Elle devait être constamment ambulante, n'était assujettie qu'aux formes les plus simples, et faisait exécuter ses jugements dans les 24 heures. Du moins cette commission était-elle formée de magistrats [2].

---

[1] *Moniteur* du 14 therm. an II.
[2] *Recueil de pièces*, etc., t. 1er, 4e part., p. 52.

APPENDICE.

I. *Nombre des victimes de la justice révolutionnaire.*

217. Souvent on a demandé et on demandera souvent encore, combien de victimes a faites la justice révolutionnaire, en France, sous la première République. C'est une question à laquelle, malgré mes recherches, je ne saurais répondre avec précision, et je ne crois pas qu'on le puisse plus que moi. Beaucoup d'actes de cette justice ont disparu; un certain nombre de ses décisions n'ont pas été rédigées; on en est donc réduit aux conjectures : voici ce qui me paraît plus probable sur ce point.

Prudhomme[1] a porté à 18,613 le nombre des individus guillotinés du 21 septembre 1792 au 25 octobre 1795; mais je ne trouve dans son ouvrage d'éléments certains, concernant ce chiffre, que jusqu'à 13,660 personnes. Le nombre des condamnés à mort que renferme son Dictionnaire[2], est de 13,863; mais ce chiffre doit être réduit de 200 environ. En effet, Prudhomme a d'abord, par inadvertance, compris dans sa nomenclature 145 individus qui n'avaient été condamnés qu'à la déportation, aux fers ou à la détention. Il a ensuite relevé les Conventionnels mis hors la loi, puis rentrés dans l'Assemblée après le 9 thermidor et enfin les condamnés politiques des Tribunaux militaires

---

[1] *Histoire générale*, etc., t. 6, p. 522, tableau.
[2] *Dictionnaire*, etc., 1797, 2 vol. in-8°. Le 1ᵉʳ volume contient les noms de 6837 condamnés; le 2ᵉ ceux de 7026 (outre ceux du camp de Grenelle), y compris un supplément de 27 pages qui n'est pas dans tous les exemplaires de l'ouvrage.

après le 12 prairial an III, terme, suivant moi, de la justice révolutionnaire, par la suppression du Tribunal révolutionnaire de Paris (p. 155) ; c'est encore plus de 60 individus à retrancher. Restent 13,660 condamnations à mort mentionnées nominativement par cet auteur.

Maintenant, à ces condamnations, il faut ajouter celles que Prudhomme a oubliées, savoir:

Plus de 100 pour Orange (voy. n° 184);

Au moins 1,800 pour Nantes (voy. n° 179);

72 pour Brest (voy. n° 157);

Au moins 400 pour Alençon, Fontenay, La Rochelle, Lorient et Saint-Sever. On a vu ce qui était écrit à la Convention par Garnier (n° 89), sur la commission d'Alençon; par Lequinio (n° 148), sur celles de Fontenay et de La Rochelle. Je pense donc que l'on ne doit pas évaluer le nombre des victimes de la justice révolutionnaire du 25 août 1792 au 12 prairial an III, à moins de SEIZE MILLE[1].

Quant aux individus qui forment le Dictionnaire de Prudhomme, on voit, d'après leurs professions, dans quelle proportion considérable les classes qui devaient le plus profiter de la Révolution, j'en ai déjà fait la remarque (p. 128), fournirent des victimes à la justice révolutionnaire. Voici, à cet égard, ce que fait observer M. Granier de Cassagnac[2].

« Prudhomme, un ami de Danton, avait entrepris le dépouillement des procès de tous les malheureux

---

[1] Ce chiffre ne comprend pas, bien entendu, les victimes des massacres de septembre, ni celles des exécutions en masse, à Toulon, après la reprise de cette ville, et des exécutions sans jugement (V. n° 136) ordonnées par Carrier.

[2] *Histoire du Directoire*, t. 1er, p. 37.

envoyés à la mort par les Tribunaux révolutionnaires; mais il ne poussa son travail que jusqu'à 12,000 dossiers. Tout imparfaite qu'elle soit, cette œuvre est d'une importance capitale; car elle permet de faire le classement des victimes de la Révolution. Voici rangés par catégories les contingents que sur 12,000 victimes, quinze classes de la société fournirent au bourreau : »

Nobles, émigrés[1].	639
Prêtres, religieuses.	767
Bourgeois, petits rentiers. . . .	1273
Avocats, procureurs, notaires, huissiers.	585	2679
Médecins, chirurgiens.	76
Fabricants, négociants, commis.	539
Instituteurs.	49
Hommes de lettres..	46
Comédiens..	21
Soldats.	715
Matelots.	73
Paysans, laboureurs, garçons de charrue.	3871
Ouvriers d'état, maçons, charrons, charpentiers, tailleurs, forgerons.	2212
Domestiques, cabaretiers, marchands de vin..	156
Femmes, filles, servantes, couturières.	718
	11740	9061

[1] En reproduisant les catégories de M. G. de Cassagnac, je les ai rangées autrement ; j'ai mis en tête les classes élevées ou de loisir. Je n'ai pas eu le temps de vérifier ces chiffres ; mais je crois que le nombre des nobles, hommes et femmes, des prêtres et des religieuses, était plus considérable. V. Prudhomme, *Histoire générale, loc. cit.*

II. *La Convention autorité suprême de révision.*

218. Les Tribunaux révolutionnaires, pendant la Terreur, malgré leur nombre, n'avaient pas réduit à l'inaction les Tribunaux criminels des départements; ces derniers avaient souvent à juger des individus présumés hostiles à la Révolution. Là se trouvaient les garanties et la lenteur de la justice ordinaire, et il y avait des acquittements et des condamnations modérées; et puis, comme dernier refuge, les accusés pouvaient invoquer l'autorité régulatrice du Tribunal de cassation. La Convention, conduite par la Montagne, qui ne s'inquiétait pas des droits acquis, paralysa l'effet de nombre de ces décisions humaines, en annulant, tantôt les jugements des Tribunaux criminels, tantôt ceux du Tribunal de cassation, et elle renvoya les accusés devant une juridiction plus rigoureuse ou ordonna l'exécution des jugements cassés par le Tribunal suprême. Il existe un assez grand nombre de ces décrets d'espèce [1]. Les premiers que je connaisse sont du 1er brumaire et du 7 frimaire an II, annulant deux jugements du Tribunal de cassation qui avaient cassé, l'un un jugement du Tribunal criminel du Pas-de-Calais, l'autre un jugement de celui du Puy-de-Dôme; les condamnations capitales cassées durent, par suite, être exécutées. On a vu plus haut (n° 72) que Carrier

---

[1] V. entre autres, à leurs dates, dans le *Moniteur* ou dans M. Duvergier, les décrets des 1er brumaire, 7 frimaire, 7 pluviôse (rendus contre l'opinion de Merlin), 28 germinal, 4, 14, 28 prairial, 4, 9 messidor an II.

obtint de la Convention (11 prairial an II) de suspendre l'exécution de quatre jugements du Tribunal du Cantal, *trois* favorables à des aristocrates, le *quatrième* frappant un patriote.

Pourtant cette intervention extraordinaire de la Convention fut plus d'une fois utile à l'innocence. Un marchand de vins à Paris, nommé Beudot, avait été condamné à mort par le Tribunal révolutionnaire pour avoir mis sur la porte de son magasin *marchand de vins en gros*, sans que la quantité ni la qualité de ses vins fussent détaillées ; c'était là un cas d'*accaparement* puni de mort [1]. Par un oubli regrettable, la question de l'*intention* n'avait pas été posée aux jurés ; sur une lettre urgente du ministre de la justice, la Convention décréta à l'unanimité, le 1er nivôse an II, qu'il serait sursis à l'exécution du jugement ; Danton et plusieurs députés sortirent, aux applaudissements de l'Assemblée, pour aller assurer l'exécution immédiate du décret, et ils arrivèrent à temps pour sauver ce malheureux [2].

Le 9 thermidor venu, la Convention annula heureusement plusieurs autres jugements des Tribunaux révolutionnaires [3] ; elle ordonna la mise en liberté des condamnés qui existaient encore ou n'avaient pas été condamnés à mort [4] ; elle prescrivit la restitution des biens confisqués aux héritiers. J'ai cité déjà plusieurs de ces décrets qui concernaient le jeune de Sainte-Marie (n° 111), la veuve Loizerolles et son

---

[1] Lois des 26 juillet 1793 et 12 germinal an II.
[2] *Moniteur* du 3 niv. an II.
[3] Décrets des 14 fruct. an II ; 14 vendémiaire, 24 ventôse an III, etc.
[4] *Moniteur* du 20 frim. an III, aff. Forceville.

fils (n° 119), le capitaine Roquer (n° 215), et différentes personnes condamnées par le Tribunal de Schneider (n° 198).

III. *Littérature de la justice révolutionnaire.*

219. Les actes de la justice révolutionnaire ne sont pas, comme ceux des tribunaux criminels de Louis XV et de Louis XVI, demeurés dans l'ombre, en leur temps [1], faute de plumes contemporaines assez hardies. La Montagne et les Jacobins avaient trouvé des juges pour condamner sans preuves ; à leur tour, ces juges trouvèrent, pour glorifier leurs décisions, des écrivains, dont voici les principaux ouvrages :

C'est, d'abord, le journal du représentant Guffroy, intitulé (anagramme de son nom) :

LE ROUGYFF

ou

LE FRANC EN VEDETTE.

1793-1794, in-4°.

M. Louis Blanc [2] en a extrait les passages suivants :

« Les complices de cette guenon (Charlotte Corday) n'ont pas tous été rasés comme elle. Ils le seront ; pas vrai, Charlot (le bourreau)? C'est en ce moment qu'il faut dans chaque maison, dans chaque rue, des argus patriotes...

« Allons, vite, allons! que la guillotine soit en permanence dans toute la République. Tribunaux, à l'ouvrage... La Tour-du-Pin est pris ; Altier, ci-devant prieur, est pris ;

---

[1] V. ma *Justice du grand-criminel au XVIIIe siècle*, 1859, in-8°. Aubry.

[2] *Histoire*, etc., t. 10, p. 36.

28,000 Marseillais, républicains à la Barbaroux, sont pris. Eh bien! vite, ma recette. Allons, dame Guillotine, rasez de près tous ces ennemis de la patrie. Allons, allons! pas tant de contes! Tête au sac! »

C'est, ensuite, un livre de Tisset [1], dont le titre est un chef-d'œuvre; le voici, calqué, en entier:

COMPTE RENDU
AUX SANS-CULOTTES
DE LA RÉPUBLIQUE FRANÇAISE,

Par très-haute, très-puissante et très-expéditive Dame Guillotine, Dame du *Carrousel*, de la *place de la Révolution*, de *la Grève*, et autres lieux;

Contenant les noms et prénoms de ceux à qui elle a accordé des passe-ports pour l'autre monde, le lieu de leur naissance, leur âge et qualités, le jour de leur jugement; depuis son établissement au mois de juillet 1792 jusqu'à ce jour.

Rédigé et présenté aux amis de ses prouesses, par le citoyen Tisset, rue de la Barillerie, n°. 13, coopérateur du succès de la République française.

Paris, an II.

(2 parties in-8°, ensemble de 384 pages.)

En regard du titre est une planche, *composée* par l'auteur, où l'on voit, sous la balance, le bonnet rouge et le triangle égalitaire, des *cadavres* décollés de rois, évêques, abbés, officiers, et des *paniers* remplis de têtes; avec ces vers au bas:

> Ces monstres en monceaux par puissance divine,
> Annoncent les travaux de dame Guillotine.

---

[1] Bibliothèque impériale.

Chaque partie commence par une épître de « Dame *Guillotine* à ses lecteurs », dont le style est parfaitement d'accord avec le titre de l'ouvrage.

Les notices sur les affaires sont très-courtes ; il n'y est presque jamais fait mention des débats ; mais Tisset les fait suivre parfois d'observations, dont je transcris quelques passages :

Page 29. Roussel embrassa la même planche que son commandant en chef (Dangremont) et regarda le fond du panier.

Page 207. Ses chers amis de Coblentz ne purent ravir Lévêque à Notre-Dame de *Sainte-Guillotine*.

Page 318. (Procès des Girondins.) La rhubarbe et le séné de nos pharmaciens ne valent pas la guillotine pour extirper la peste aristocratique ; la recette est publique et s'administre sur la place de la Révolution.

Il y a encore du même auteur :

LISTE

DES CONTRE-RÉVOLUTIONNAIRES ET RÉVOLTÉS

DE LA CI-DEVANT VILLE DE LYON,

Condamnés à être fusillés et guillotinés, etc.,

Rédigée et présentée aux amis de la Révolution

PAR LE CITOYEN TISSET,
Coopérateur des succès de la République française.

En tête de cet opuscule est une « Lettre de la Guillotine du ci-devant Lyon, *à la Guillotine de Paris*, sa sœur aînée ; Ville-Affranchie, 15 germinal an II. » Ce sont les mêmes idées, exprimées dans le même style.

C'est, enfin, un répertoire des victimes, intitulé :

LISTE GÉNÉRALE
ET
TRÈS-EXACTE

des noms, âges, qualités et demeures de tous les conspirateurs qui ont été condamnés à mort par le Tribunal révolutionnaire établi à Paris, etc.

(Avec cette épigraphe) :

> Vous qui faites tant de victimes,
> Ennemis de l'égalité,
> Recevez le prix de vos crimes,
> Et nous aurons la liberté.

In-18, publié par cahiers de 32 pages, du prix de 15 sols.

Paris, chez le citoyen MARCHAND, etc.,

l'an deuxième de la République française, une, indivisible et impérissable.

Et au verso du titre :

LISTE
DES
GUILLOTINÉS
SUR LA PLACE DE LA RÉVOLUTION, etc.

Page 2 du n° 2, on lit la note suivante :

Nota. Comme il s'est glissé plusieurs erreurs dans le numéro premier de notre *Liste des Guillotinés....* pour ne rien laisser à désirer à nos lecteurs sans-culottes... nous avons ajouté les qualités et le jour où chaque individu de la bande infernale des conspirateurs est allé se jeter, à tête perdue, entre les bras de très-utile et très-révérée *dame Guillotine,* etc.

Toutes ces publications étaient des ouvrages sérieux.

FIN.

TABLE.

	Pages.
AVERTISSEMENT.	v
La Justice révolutionnaire	1
Ire Partie. — TRIBUNAL RÉVOLUTIONNAIRE DE PARIS.	2
§ 1er. *Tribunal du 17 août 1792*	ib.
Son origine ; provocation de *Robespierre*.	5
Sa composition.	7
Affaire *Grosjean*.	9
Les égorgeurs de septembre au Tribunal.	11
Commission militaire pour juger les émigrés.	14
§ 2. *Tribunal du 10 mars* 1793	15
Sa création ; motion de *Carrier*.	ib.
Sa composition.	17
Salles d'audience ; costume des juges.	18
Sa compétence.	19
Procès de *Marat*.	21
Affaires diverses.	25
Mises hors la loi.	26
Procès de la *Reine*.	27
Procès des *Girondins*.	7
Loi du 8 brumaire an II, amendée par *Robespierre*.	42
Incidents.	46
Une exécution au milieu de la Convention.	ib.
Fin de la première période du Tribunal.	49
Acquittements.	ib.
Loi du 17 ventôse an II.	51
Les premières fournées.	52
Procès de *Danton*.	54
Procès de *Malesherbes*.	61
Procès des *Vierges de Verdun*.	63
M. de Lamartine.	ib.
Procès de *Madame Élisabeth*.	64

		Pages.

§ 3. *Tribunal du 22 prairial an* II 69
  Son établissement. 69
    Rapport de *Couthon*. 70
  La loi du 22 prairial; son but. . . . . *ib.*
  Personnel du Tribunal; *Fouquier-Tinville*. 73
    Son caractère; ses habitudes. . . . . *ib.*
    Accusés malades, infirmes, octogénaires. 75
    Tri des jurés. 79
    Proposition de saigner les condamnés. . . . . . . *ib.*
  Suite du personnel : les *juges* et les *jurés*. 80
  Instruction, soi-disant, à l'audience, ... 84
    Durée des débats, par tête. . . . . *ib.*
    Procès de Mme *de Feuquières*. 91
    Réponses collectives du jury. 93
    Jugements et charrettes préparés d'avance. 95
  Secours aux accusés acquittés. 95
  Les grandes *fournées*. 96
  Incidents divers. 98
    Accusations singulières 99
    Les *amalgames*; affaire *Roubeau*. 100
    Affaire des 155. 103
    Procès de *Roucher* et A. *Chénier*. 106
    Accusés exécutés sans jugement; affaire d'*Ornano*. . 108
    Accusés condamnés à la place d'autres accusés : *Sallier* père, *Saint-Pern* fils, *Loizerolles* père. . . . 111
  Nombre des condamnations à mort 126
  Nombre des arrestations à Paris. 129
  Robespierre hors la loi. 130

§ 4. *Tribunal du 23 thermidor an* II. 132
  Procès des 94 *Nantais*. 134
  Procès de *Carrier*. 135
  Loi du 8 nivôse an III. 146
  Procès de *Fouquier-Tinville*. 147

IIe Partie. — TRIBUNAUX RÉVOLUTIONNAIRES DES DÉPARTEMENTS. 157

§ Ier. Nombre (143) et placement de ces tribunaux. 158

§ 2. Commission *militaire* de *Bordeaux*. 162
    Amendes au profit des sans-culottes. 163
§ 3. Tribunal *révolutionnaire* de *Brest*. 166
    L'exécuteur *Ance*. . . . . *ib.*
    Affaire de la *Carmagnole*. 170
§ 4. Commissions *militaire, populaire, révolutionnaire* de *Lyon*. 173
    Les jugements par signes. 179
    Les exécutions. 183
§ 5. Commission *militaire* de *Nantes*. 188
    La compagnie *Marat*. 189
    Les exécutions. 191
§ 6. Commission *populaire* d'*Orange*. 194
    Tribunal criminel de *Vaucluse* et affaire de *Bédoin*. 199
§ 7. Tribunal *révolutionnaire ambulant* de *Strasbourg*. 207
    Schneider. 209
    Jugements à la *tournée*. 216
    L'ex-vicaire Funck. 217
    Sarah Stamm. 218
    Schneider châtié par Saint-Just. 221
    Ch. Nodier. 222

APPENDICE. — I. Nombre des victimes de la justice révolutionnaire. 227
    II. La Convention autorité suprême de révision. 230
    III. Littérature de la justice révolutionnaire. 233

FIN DE LA TABLE.

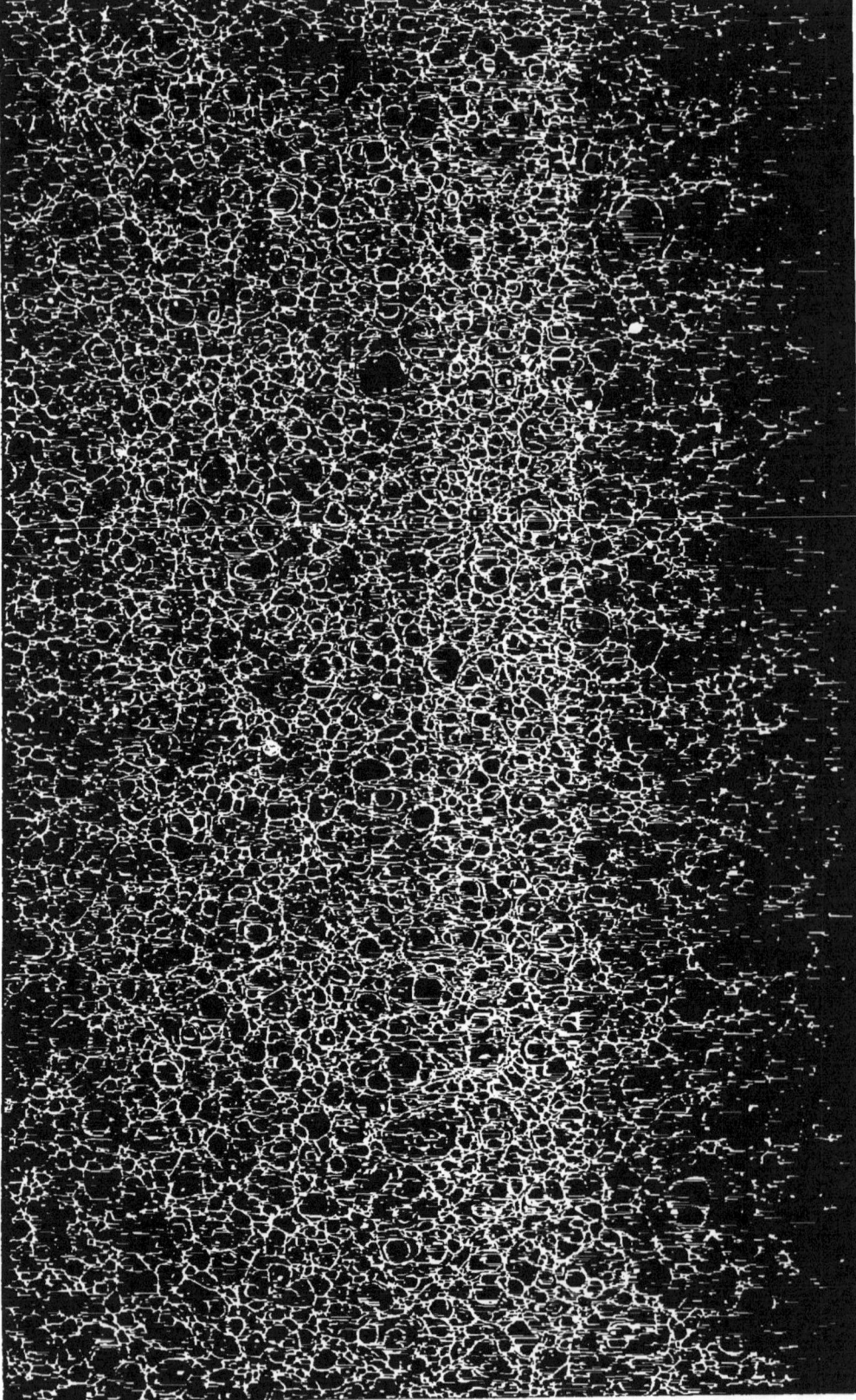

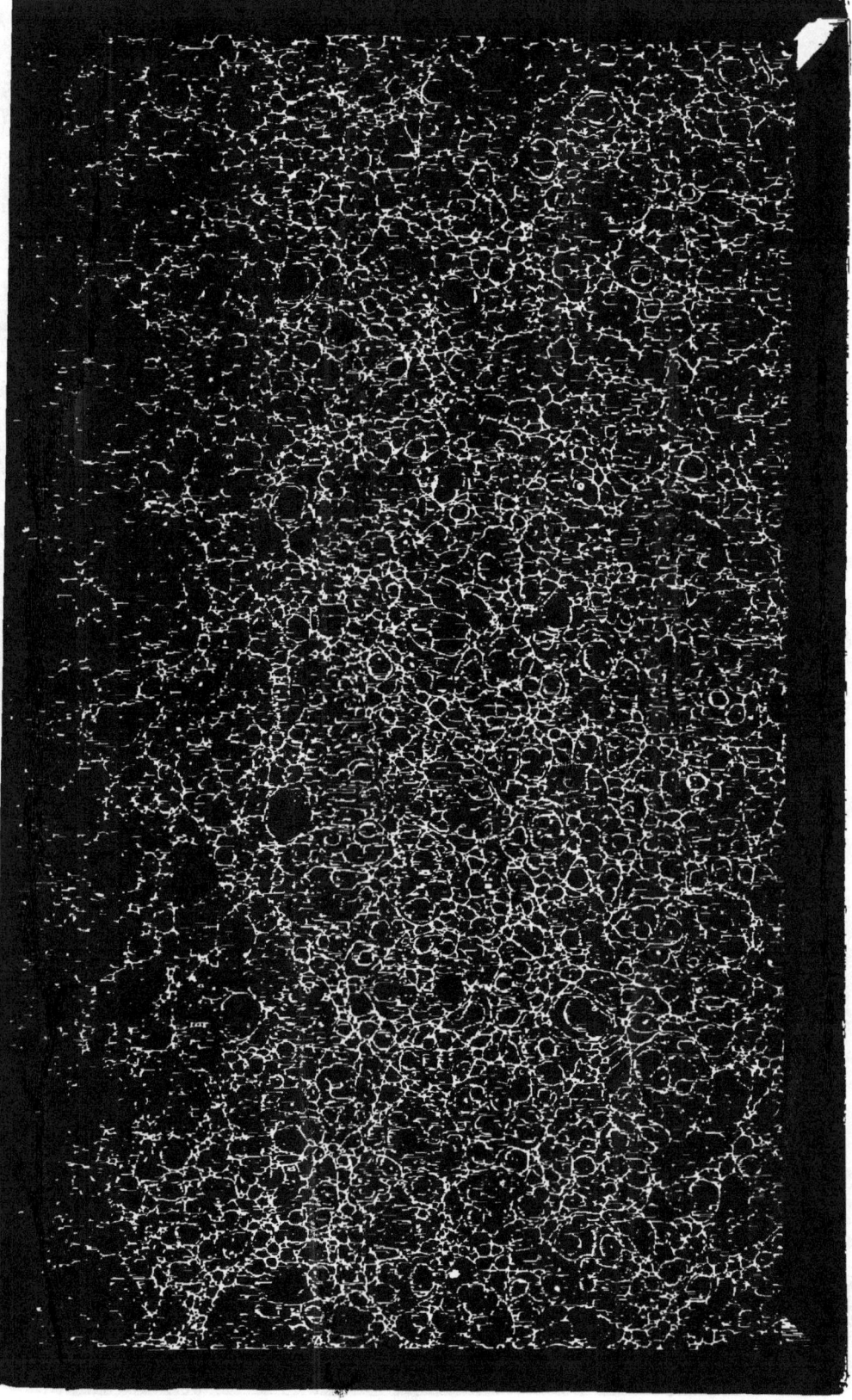

www.ingramcontent.com/pod-product-compliance
Lightning Source LLC
Chambersburg PA
CBHW062019180426
43200CB00029B/1933